哲学で子どもの思考力が伸び、心が成長する

親子で考える人生の疑問

小川 仁志 著

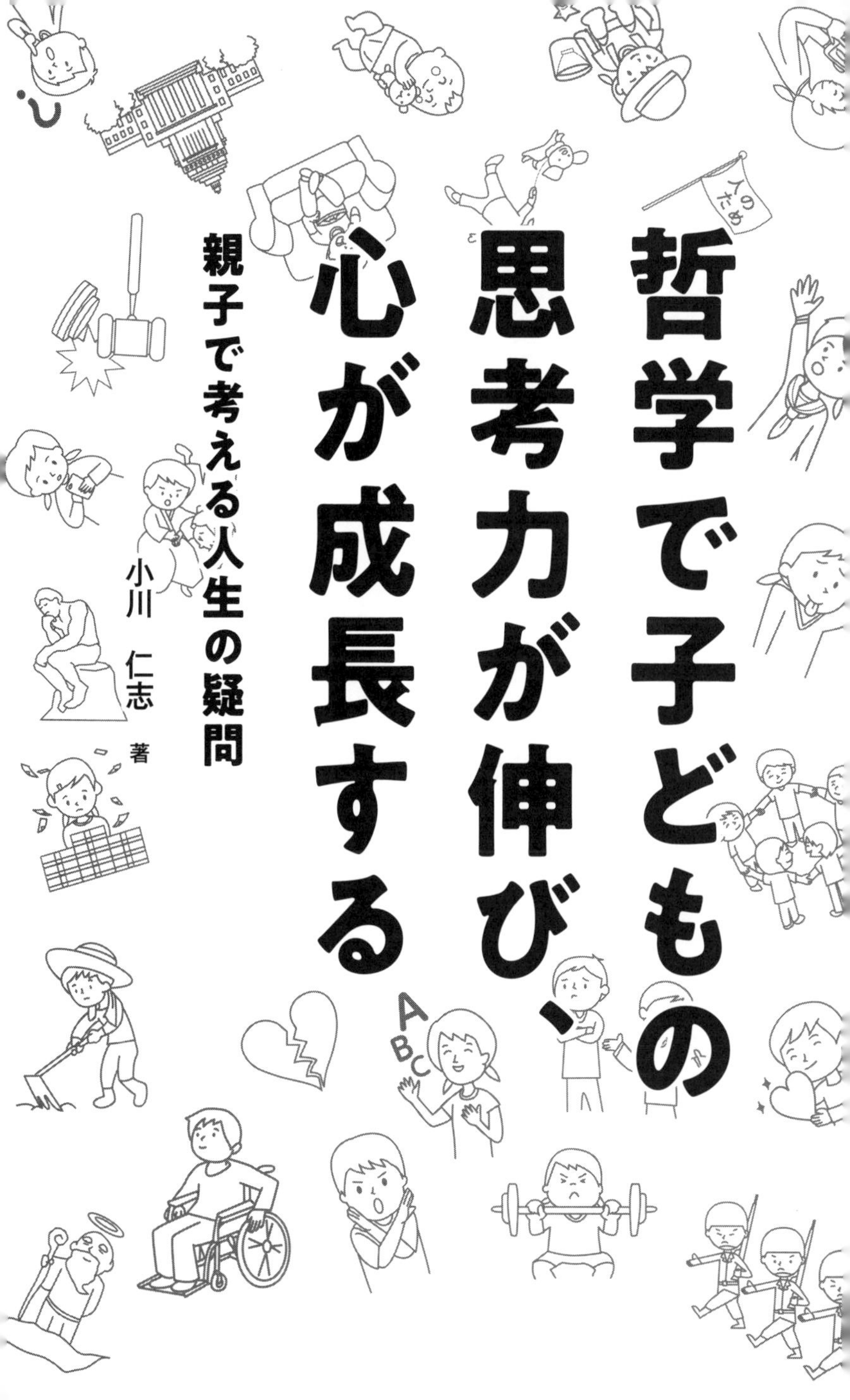

はじめに

子どもに哲学が必要なわけ

今、子どもに対する哲学《てつがく》の意義《いぎ》に注目が集まっています。全国で様々な実践《じっせん》の試みがなされていますが、物事《ものごと》の本質《ほんしつ》を考える哲学という営《いとな》みは、子どもたちの思考力を伸ばし、また同時に心を成長させるのに役立つことがわかってきたからです。

それもそのはず、哲学とは物事を根本《こんぽん》から問い直すことをその役割《やくわり》としています。「そもそも自由《じゆう》とは何か」「そもそも社会とは何か」「そもそもいじめとは何か」といったように、わかったつもりでいること、当たり前だと思っていることを、改めて問い直すのです。

その際、他の科目と違《ちが》って、何かお手本《てほん》や模範解答《もはんかいとう》があるわけではありません。そんなものがあったら、子どもたちはただその答えを覚えるだけで終わってしまうでしょう。自分で考えることをしなくなります。でも、哲学というのは自分で考えることですから、それをしないと意味がなくなってしまうのです。だから教科書はありません。

必要なのは問いだけです。そもそも何なのか、いったいなぜそうなるのかと、どこまでも問いかける。それさえあれば、哲学はできます。なぜなら、フランスの哲学者パスカルがいったように、人間は考える葦《あし》だからです。つまり、人間は物事を考えるようにできているのです。問いさえあれば。

そこで本書では、哲学するための問いを投げかけることにしました。それがこの本の役割《やくわり》です。読んでいただければわかりますが、いくつもの「そもそも」がでてきたり、「?」（クエスチョンマーク）がでてきます。もちろん、そのつど問いに答えつつ話を進めていますが、別に答えを押し付けるのが目的《もくてき》ではありません。

あくまで自分で考えるきっかけにしてもらいたいと思います。小学校の高学年であれば自分で読み進めることができる内容にはしたつもりですが、小学生ならぜひ親子で読んでいただけるといいと思います。ここに挙げた問いは、どんな子どもたちでも抱《いだ》く疑問《ぎもん》です。かつて私も抱いたことのある問いばかりです。そして、そのいずれもが、親にも関係しています。だから一緒に読んで、一緒に考えていただくといいと思うのです。

そして、中学生や高校生にもぜひ読んでもらいたいと思います。そのために、大人になる前に考えてもらいたい問いをたくさん入れておきました。どうしてこうした問いを考えてみる必要があるかというと、そのほうが善《よ》く生きることができるからです。自分とは何か、コミュニケーションの大切さ、戦争の問題……。

哲学の父ソクラテスがいったように、哲学の目的は善く生きることにほかなりません。大人になる前に、哲学をして善く生きるための準備をしていただけると幸いです。

目次

第1章

勉強の疑問

1

勉強の疑問

どうして勉強をしなければならないの？

この疑問が解決するのはいつか

子どものころ誰《だれ》もが抱《いだ》く疑問《ぎもん》。それがこの「どうして勉強をしなければならないの？」という疑問です。不思議なことに、大人になるともうこの疑問は解決しています。だから大人はみんなこういうのです。「勉強しなさい」と。自分もかつては「どうして勉強をしなければならないの？」と聞いていたくせに。

この問いに答える前に、まずいつこの疑問が解決するのか考えてみましょう。私自身も身に覚えがあるのですが、この疑問が消えたのは、勉強しなくてよくなってからです。つまり、学校を卒業して、社会に出た瞬間《しゅんかん》にこの疑問は消えてしまったのです。本当にフッと消えたのです。

私の場合、小学校はおろか大学生のころでさえ、この疑問を抱いていました。だから大学でもあまり勉強しませんでした。というか正直にいうとまったく勉強しませんでした。それはなぜ勉強するのかよくわからなかったからです。

たしかに、大人はみんなこういっていました。「勉強しないと大人になってから困《こま》るよ」と。でも、どう困るのか教えてくれないのです。人間は困るとわかっていれば、それに備えます。だから子どもだって、今日は寒いと思ったら厚着をしていきます。寒い思いをしたくないからです。

ところが、勉強については、どうしてこんな算数の問題を解いたり、国語の文章を読んだり、社会や理科の知識を覚えないと困るのかがわからないのです。どう考えても、大人が算数の問題を解いているようには思えませんし、みんなよく社会や理科の知識を忘れたといっていますから。

子どもたちだって、テストが終わったらもう勉強したことは忘れていいことになっています。学校でもそんな雰囲気があるのです。先生もテストのために勉強を教えてくれているようにしか思えません。テストの終わりが勉強の終わりなのです。

そう考えると、学校を卒業したら勉強をしなくてよくなるので、勉強に対する疑問が消えるのはわかります。でも、決してそれだけではないのです。実は、社会に出ると、例の「困《こま》る」ということの意味がようやくわかるのです。だから疑問が解決してしまうわけです。そして後悔《こうかい》が始まります。「ああ、もっと勉強しておけばよかった」と。

なんでもっと勉強しておかなかったんだろう

さらには新しい疑問まで生じてきます。「なんでもっと勉強しておかなかったんだろうか?」というふうに。面白いですよね。学校にいる間は勉強をする理由がわからない。学校を出た途端《とたん》、勉強をしなかった理由がわからなくなる。もうほとんど喜劇《きげき》です。あ、悲劇《ひげき》か……。

こんなことにならないようにするためには、学校にいる間に勉強をする理由がわかればいいのです。そしてそれは大人であればみんなわかっているはずですから、その大人がきちんとそのことを伝えてくれればいいのです。別に世界の謎でもなんでもなくて、学校を出たあらゆる大人が知っているはずのことですから。つまり、困る理由をきちんと伝えるということです。

チャンスを逃す

では、何が困るのか、大人の一人である私がお答えしましょう。一言でいうと、チャンスを逃《のが》すということです。算数、国語、理科、社会それから英語、あるいは技術家庭や体育も含め、あらゆる知識が生きていくために必要なものとして教えられます。ただし、直接どこでどう役立つかは教えられないのです。それは先生のせいではなくて、実際にその場になってみないとわからないのです。具体的な場面ではじめて、「あ、これ学校で習ったな」と気づくものなのです。

そうすると、社会に出てから、あの知識をもっと身に付けておけばよかったと感じたとしても、もう遅《おそ》いのです。前もってきちんと勉強していなかったら、そこで使うことはできないのです。もう一度家に帰って勉強し直している時間はありません。チャンスを逃《のが》すということの一つ目の意味はこれです。

今、一つ目といいましたが、まだまだあります。たとえば、学校で英語を一生懸命《いっしょうけんめい》やっていた人は、急に海外に研修に行くチャンスが回ってきたとき、選ばれやすいでしょう。ところが、勉強をしてこなかった人は、急に行きたくなってもチャンスを逃すのです。これは英語に限りません。さっきもいったように、どこでどの勉強が役立つかはわからないので、どの科目もきちんとやっておいたほうがいいのです。

こんなふうに、チャンスを逃すという意味で困るわけですが、そんなの別に構わないという人がいるかもしれません。生きていけなくなるなら困《こま》るけど、多少チャンスを逃すくらいならいいと。ちょっと待ってください。私がいうチャンスを逃すには、生きていくための仕事を得るチャンスを逃すという意味も込められているんですよ。

仕事には限りがあります。時代によっては、仕事が足りないこともあるのです。そんなときは、仕事のできそうな人が優先《ゆうせん》されます。でも、仕事ができそうな人ってどうやってわかるのか？　それは「こんなときどうする？」と質問してみたり、実際にちょっとやってもらえばすぐにわかります。

そのとき、勉強をしていると、その知識や技能が使えるのです。何もないと何も答えられないし、やってみせることもできません。それで仕事を得るチャンスを逃すというわけです。幸い、学校にいる間はチャンスは平等に与えられます。だから気づかないのです。ところが、社会に出た途端《とたん》、チャンスは平等ではなくなります。よりチャンスを生かせる人や、生かしてくれそうな人に与えられるのです。それを判断する基準が、学校でやってきたこと、つまり勉強を身に付けているかどうかになるのです。

人生の楽しみを得るチャンス

最後にもう一つ、まったく違《ちが》う視点《してん》からチャンスを逃すというお話をしておきたいと思います。これは私が今一番感じていることです。それは人生の楽しみを得るチャンスを逃すということです。何かを知るって本当はとても楽しいことのはずです。みなさんも新しいことを知りたいですよね。勉強とはそのためのチャンスなのです。ぜひそんなふうにとらえてもらうと、「どうしてやらないといけないの？」なんて質問はなくなるように思います。だって楽しいことを、どうしてやらないといけないか聞く人なんていませんもんね⁉

2

勉強の疑問

どうして頑張らなきゃいけないの？

たしかに「頑張《がんば》りなさい」とか「頑張れない人はだめだ」とかいいますよね。つまりこの世の中では、頑張るのが正しいというふうになっているわけです。でも、どうして頑張らなきゃいけないのか？

全力を尽くす

そもそも頑張るってどういうことでしょう？　一生懸命《いっしょうけんめい》にやること？　それってどういうことでしょうか？　全力を尽《つ》くすというイメージはありますよね。自分の持てるものをすべて出し切る。

そういわれると少しわかるような気はします。運動会があるとします。そのとき親に「頑張って」といわれたら、「ああ、全力を出せといわれてるんだな」

と理解できますから。途中《とちゅう》であきらめるんじゃなくて、最後まで走り切るとか。手を抜かないとか。

これは勉強でも部活でも、係の仕事でもなんでも一緒《いっしょ》なのです。自分がかかわったこと、やなければならないことについては、人はみな全力で取り組む必要があるのです。なぜか？　まずそうでないといい結果が生まれません。物事には目的があります。

最高の結果を出す

古代ギリシアの哲学者アリストテレスは、あらゆる物事の究極の目的は最高善《さいこうぜん》にあるといいました。善《よ》い状態の最高のものだと思ってもらえばいいでしょう。そうすると、物事はつねに最高の善い状態を実現することが最終目的になっているわけです。

アスリートを見てください。彼らは常に最高の記録を出そうとしています。そのために全力で走るのです。だから頑張るのは、目的を達するためで、目的とは最高の結果を出すことなのです。

逆にいうと、頑張《がんば》らないと最高の結果は出ません。何が最高なのかは難《むずか》しいところですが、もし全力を尽《つ》くせば出たはずの結果が最高だといっていいでしょう。テストで100点を取れる実力があるのに、準備や本番で手を抜いて90点しか取れなかったら、それはいくらいい点数であっても、頑張ったとはいえないのです。

それでも人は褒めてくれるかもしれません。90点も取れたなんてすごいと。ただ、自分自身はどうでしょうか？　これが全力で取り組まなければならないもう一つの理由です。つまり、後悔《こうかい》するということです。

人がどういってくれたとしても、頑張らなかったことは自分が一番よく知っています。それが最高の結果でないことは自分が一番よくわかっているのです。だからちっともうれしくないですし、後悔《こうかい》さえすることでしょう。

仮にまぐれで100点を取れたとしたらどうですか？　うれしいですか？　それでもうれしいという人はいるかもしれません。では、先生の採点ミスで100点になっていたら？　何か後ろめたいですよね。この場合はさすがに素直に喜べないのではないでしょうか。それは自分が頑張《がんば》ったわけではないからです。

頑張ることで、評価される。そうしてはじめて、人は喜ぶことができるのです。努力に見合った結果が得られたことに満足するのでしょう。そう考えると、頑張りと良心《りょうしん》とは深く結びついているのかもしれません。

良心は心の中の裁判官

ドイツの哲学者カントは、人間の良心は心の中の裁判官《さいばんかん》のようなものだととらえています。悪いことをすれば心の裁判官が許さないのです。そして頑張るべきときに頑張らないような場合もまた、心の裁判官が許してくれないのです。「お前はもっと頑張れたんじゃないか？」と問いかけてくるのです。そして良心が痛み、悩《なや》むことになる。

だから頑張らなければならないのです。自分が苦しまなくて済《す》むように。

人のために頑張るという人もいますが、それも「人のために」という目的を達成しようとして、やはり自分が頑張るのです。

しかも、誰かに強制されて頑張るわけではありません。自分で決めて、自分が苦しみたくないから頑張るのです。だから誰が見ているとか見ていないとかはまったく関係ないのです。

3

勉強の疑問

どうして英語をやらなきゃいけないの？

ここ数年、まるで黒船がやってきたかのように、日本では英語熱が高まっています。ついに小学校でもグローバル化で社会の仕組みが大きく変わろうとしているからです。ついに小学校でも英語を勉強する時代になりました。

そこでよく聞くのが、「どうして英語をやらなきゃいけないの？」という問いです。これは子どもたちだけでなく、大人からも聞かれます。会社で急に英語を勉強しろといわれて、おじさんたちも困っているのです。それで会社を辞める人もいるといいます。だから深刻な問題なのです。

世界中で使われている言語

さて、まずそもそも英語とは何か？　哲学はいつも「そもそも」という問いから始まります。英語とは欧米《おうべい》の言語で、今は世界中で標準的に使われているものです。この後半の部分が大事で、今や世界中で標準的に使われているから、私たちも身に付ける必要があるのです。

そういうと、なぜ世界的に使われていたら、私たちにも必要ということになるのか疑問に思う人もいるでしょう。それは日本も世界の一部だからです。日本が鎖国《さこく》していて、他の国と交流がないなら、どんな言語を話していてもいいはずです。現に江戸時代《えどじだい》はそうでした。でも、江戸末期に黒船がやってきて、開国してからは、日本も世界の一部になってしまったのです。

特に21世紀になってからは、テクノロジーの進歩もあって、地球は一つであるかのようになってしまっています。いわゆるグローバル化です。グローブって地球という意味ですから、まさに世界は地球化しているのです。そうなると、地球上の人とコミュニケーションをとる必要が出てきますから、当然共通言語がいるわけです。

もっと自分のことを知りたい

それにしても、なんで英語なんだと思う人はいるかもしれません。日本語にしてくれたらよかったのにと。それはその通りですよね。アメリカ人はラッキーですよね。でも、世界のルールは影響力《えいきょうりょく》の大きいものによって左右されるのです。アメリカは経済的《けいざいてき》にも世界一の国ですから、そのアメリカが使っている言葉が標準になっていくのは仕方ないのです。

ですから、世界の人たちと交流しなくていいというなら、英語を勉強する必要はないということになります。日本で日本人だけを相手に仕事をし、日本人だけとお付き合いをする。あるいは日本語を話せる人だけと交流するか、言語のいらない交流だけをするか。それも一つの選択でしょう。ただ、私はそれだとちょっと残念だなとは思います。なぜなら、英語を勉強しなければならないのは、世界の人たちと交流する必要があるからだけではないためです。

私の場合がそうなのですが、英語を勉強するのは世界の人たちと交流する必要があるからではなくて、もっと自分のことを知りたいからです。意外ですか？　違《ちが》う国の人や異《こと》なる文化的背景《はいけい》をもった人と交流するのは、そうした交流を通じて、自分を見つめ直し、時には自分を成長させるためだと思うのです。

私たちは自分とは異なる人たちと向き合ってはじめて、その違いから自分自身の姿を知ることができます。比べてみないと、自分がもっているものがいったいどういうものなのかはっきりしないのです。そしてもし自分にないものに気づくことができれば、それを身に付ける機会を得ることができるわけです。

英語を勉強したい理由

仮に仕事の場面では英語は必要ないとしても、世界中の人と交流することでそうした機会を得られるなら、素晴らしいと思いませんか。もちろん言語ができなくても交流は可能です。ボディランゲージでも気持ちは伝わるでしょう。でも、高度な情報を交換《こうかん》し合うには、やはり言語が必要なのです。

外国の人と英語で交流してみよう

もうすぐＡＩ（人工知能）が発達して、何語でも通訳してくれる機器が登場するといわれます。実用化されているものもあります。でも、いくら機械が話してくれるようになったとしても、それは自分が選んだ言葉ではないですし、自分の口から発したものでもないのです。

そういう機械は便利であることは間違いありませんが、私は自分で言葉を選ぶ喜び、それを自分の口から発する喜び、そして誰かとその言葉を交換し、分かち合う喜びを手放したくないのです。だから英語を勉強するのです。これは「どうして英語を勉強しなければならないの？」という問いへの答えにはなっていないかもしれません。

私がいっているのは、英語を勉強したい理由ですから。ただ、「英語を勉強する意味は？」と問われた場合は、私がいまお話ししたことが答えの一つになるのではないでしょうか。一言でいうとそれは、世界の人と分かち合う喜びを手放したくないからです。中には、そんなの喜びじゃないと思っている人もいるはずです。現に私も、中学のときに単語をいっぱい書かされていたときは、そう感じていました。

でも、大学生になって外国の人と交流するようになると、考えががらっと変わりました。英語は分かち合う喜びなんだと。ぜひ英語を勉強する意味を問う前に、誰か外国の人と英語で交流してみてください。そうすればこんな疑問は一気に消えてしまうに違いありません。

4

勉強の疑問

遊ぶのはいけないことなの？

遊ぶとはどういう意味？

「遊んでばかりいて！」といわれると、怒《おこ》られたように感じます。これを褒《ほ》められたと受け取る人は少ないでしょう。でも、別に「遊んでばかりいて、あなたはダメな人だ」とはいわれていません。ということは、こっちが勝手に「遊ぶ」という行為《こうい》をいけないことだと思い込んでいる可能性があります。その証拠《しょうこ》に、小さいころは「外で遊んできなさい」といわれたりしたのではないでしょうか？　これが本当にダメなことなら、親は子どもに悪いことをしてきなさいと指示したことになります。そんなわけないですよね。

そもそも遊ぶとはどういう意味なのでしょうか？　遊ぶの反対の言葉は、働くとか勉強をするではないでしょうか。働いたり、勉強をしたりするのはたしかに大変ですよね。なぜなら、自分の思い通りにはできないからです。働かなければならないとか、勉強しなければならないという表現がそれを物語っています。仕方ないからやるというイメージなのです。

そうすると、遊ぶのはその逆で、思い通りにできて、かつやらされるものではない営みということになります。これはみなさんも納得《なっとく》されるのではないでしょうか。遊びはやらされるというよりも、やりたくてやることです。

楽しいと思ってやってしまう

そう、遊びは人間が自然にやってしまうことなのです。なぜか？　それはやりたいからです。つまり、遊びとは人間の本能的営みなのです。たとえば、砂浜《すなはま》に座《すわ》らされて、「ここで1時間じっとしていなさい」といわれたら、みなさんは何をしますか？

私なら砂浜に字を書き出したり、雲を見て何に見えるか想像したりし始めるでしょう。何もせずには過ごせないのです。それが人間です。そして何をやるかというと、やはり楽しいことをやるのです。それが役に立つかどうかなど考えません。それが遊びなのです。

　遊びとはそうやって始まるものです。ただ楽しいと思ってやってしまう。アメリカの哲学者《てつがくしゃ》ホッファーは、人間の最初の営みは遊びだったといいます。それがいつの間にか仕事になっていったのです。だから遊びこそが本来のあり方なので、そっちのほうが正しいということです。

　ところが人間は、なんでも役に立てようとします。そうでないとだめだと考え始めるのです。ここがやっかいなところです。特に集団でいると、役に立つ人ほど優《すぐ》れているように思われるので、遊びより、役に立つこと、言い換《か》えると、仕事や勉強のほうが高く見られるようになるわけです。

　それでみんな嫌々《いやいや》働いたり、勉強したりするようになる。本当はもっと遊びたいのに、我慢《がまん》するのです。少し考えればわかりますが、我慢してやってもいい成果が生まれるわけがありません。遊びは必死でやりますが、我慢してやる仕事や勉強はそこそこでやめるはずです。疲《つか》れますから。遊びは疲れても続けます。暗くなっても外で遊び続けてしまったり、ゲームで夜更《よふ》かしした覚えはありませんか？　だからゲームだと成果が出るのです。

仕事や勉強を遊びにしてみる

ということは、仕事や勉強を遊びにしてみてはどうでしょうか？　そうすれば、嫌々やるわけではないので、ものすごく成果が上がるはずです。現に、仕事を遊びにしている人は、すごい成果を挙げています。とはいえ、そんなふうに思えないという人が多いでしょう。

でも、これは気持ち次第なのです。先ほど遊びはやらされるものではなく、やりたいものだといいました。それなら、仕事や勉強もやらされているのではなくて、自分がやりたいからやっているのだと思えばいいのです。

それは改めて自分が働く意義、勉強する意義を考えればできるはずです。自分はなんのために働くのか、自分はなんのために勉強するのか、それをよく考えるのです。きっと何かやりたいことがあるから、それを実現するために働き、勉強しているはずです。そこを意識すれば、誰かにやらされているから、自分がやっているに変わるに違いありません。そうなればもう、働くことや勉強すること、イコール遊びになります。

仕事や勉強と遊びがイコールなら、その意味での遊びがいけないわけありません。それでは、ただの遊びはどうか？　無目的で、なんの役にも立たない営みだとどうか？　すでにお話ししてきたように、遊びは人間の本質であり、基本です。そこから他の営みが派生《はせい》しているにすぎません。ですから、遊びそのものはいけないことではないでしょう。

いけないのは他のやるべきことをしない状態

いけないのは、遊びばかりして、やるべき他のことをしない状態です。やるべき他のことが何もなければ、遊んでいればいいのです。赤ちゃんはそうでしょう。あるいは、夏休みもそうだと思います。夏休みは休むためにあるので、ほかのことをやってはいけないのです。あ、宿題は別ですよ。

仕事や勉強が遊びになっている人は、別に遊んでばかりいてもいいでしょう。つまり、仕事や勉強ばかりしていてもいいということです。それはやりたくてやっているのですから。誰にやらされるわけでもなく。その場合は、ストレスもないでしょうから、何も害がないのです。適度な休憩《きゅうけい》が必要なことはいうまでもありません。「そんなに勉強ばかりして、健康を害しますよ」なんていわれたことないですが、なんだかかっこいいですよね。

5

勉強の疑問

自分らしさって何？

「自分らしく生きる」とか、「自分らしく頑張《がんば》りなさい」などとよくいわれます。でも、自分らしくってどういうことなんでしょう？　そのまま考えると、他の人のまねをすることなく、自分のやり方でという意味のようでもありますが、そういうことでいいのでしょうか。そもそも自分って何なんでしょう？

そこから考えてみたいと思います。

自分とは何か

自分とは何かって、自分が一番よく知っているはずですから、わざわざ問うまでもないですよね。自分は自分。そう答えたくなると思います。ただ、自分とは一番よく知っているようで、実はちっともわかっていないのものでもあるのです。試しに辞書みたいに「自分」を定義してみてください。そういわれると困《こま》りませんか？

そうなんです。改めて聞かれるとさっぱりわからなくなるのが自分なのです。なぜなら、自分を見ることなんてできないからです。他者を見ることはできます。だから誰《だれ》かの真似をするのは簡単なのです。みなさんも人の物まねをしていても、自分の物まねはしないでしょ？　そして誰かに物まねをされると、「え、自分ってこんなふうに見られてるの？」と意外に思うはずです。

自分のことは鏡や写真で見ることはできますが、写真で見る自分ってどこか自分が抱いているイメージと違いませんか？　だから「写真がおかしい」といいがちなのです。そんなことないのに。そのおかしい顔も自分なのです。声もそうです。自分の声を録音したものを聞くと、おかしいと感じます。これもそう思っているのは自分だけです。みんなにはそう聞こえているのです。

それならみんなみたいに自分を見れば、自分とは何かがわかるのかどうか？残念ながら、それも違います。どうしてかというと、それはあくまでみんなから見た自分にすぎないためです。自分が見る本当の自分は、他者が見る自分とは違うのです。

そんなことをいったら、いったいどうやって本当の自分を知ることができるのかわからなくなりますよね。それほど、難解《なんかい》な問いなのです。自分という存在は固有の存在《そんざい》です。この世に一人しかいない。自分のことを指差せば、おそらく表現できるのでしょうが、言葉では表現しきれないのです。

みんな「私」とか「僕《ぼく》」というし、「この私」とか「この僕」といっても、それもまたみんなが使う表現ですから。何年にどこで生まれた誰誰《だれだれ》といったところで、同じです。他の人がその表現を使えば、区別できなくなります。これはもう言葉の限界です。言葉は本当の自分を表すことができない。

私は世界の存在意義

とはいえ、固有の存在であることは間違いありません。みなそれぞれ異なるということです。もちろんそれだけでは本当の自分を言い表したことにはなりませんが、ここにヒントがあるのはたしかです。自分の固有性《こゆうせい》を、この世界でどう表現するか。これは私自身が子どものころふと思ったことなのですが、「私はこの世界の存在意義《そんざいいぎ》だ」という表現はどうでしょうか。

この世界が存在しているのは、自分が存在しているからだということです。逆にいうと、自分が消えてしまえば、世界も消える。そんな存在は自分だけなのではないでしょうか。そうすると、自分らしくあるということは、世界の存在意義としてふるまうということになります。

なんだか大げさな話になりましたが、これは事実なのです。だって、私たち一人ひとりの命はとても重いものです。一人の命を救うために、みな必死になります。一人の命のために、時に世界は全力で戦おうとします。だから自分はちっぽけな存在だと思う必要はまったくないのです。

反対に、偉大だとふんぞり返っていればいいという意味でもありません。そうではなくて、世界の存在意義を決めることができるくらいの固有性があるということです。自分はそんなの大変だと思えば、別に強制はしません。

誰《だれ》かと同じように生きるのでいいと思えば、それはそれであなたの生き方です。あえていうなら、それもまた固有の生き方なのです。

自分で選ぶ

そう、自分で選べばいいのです。その自分で選ぶという行為《こうい》が、自分の存在意義《そんざいいぎ》を決めます。フランスの哲学者サルトルは、そうした生き方を実存主義《じつぞんしゅぎ》と呼びました。自分で決めて、自分で人生を切り拓《ひら》いていくような生き方のことです。これこそまさに自分らしく生きるということではないでしょうか。

たしかに世の中には困難《こんなん》が満ち溢《あふ》れています。したがって、自分で決められることばかりではありません。でも、あがくことはできるはずです。そのあがきさえあきらめてしまったとたん、自分らしさは消えてしまうことでしょう。それはとてもつまらないことです。まるで自分がいなくなったような感覚にとらわれてしまいます。誰かのいいなりになるのと同じですから。

みなさんは、ぜひあがき続けてください。自分らしくあるために。自分らしく生き続けられるように。それは世界の存在意義として、この世に生を受けたあなたの使命なのです。

第2章

友達の疑問

1

友達の疑問

どうして人はいじめをするの？

いじめは子ども時代の最大の問題です。いや、大人になっても職場でいじめがあったりしますから、人間にとって最大の問題といってもいいのではないでしょうか。なぜ最大かというと、なくすのが難《むずか》しいからです。実際、いじめは古くからあって、そのつど社会問題化していますが、一向になくなりません。

もちろん、社会問題になるたび、みんな「いけないいな」ということは意識しますので、一時的には少なくなるのですが。その意識が薄《うす》くなるともうだめです。つまり、人間は本質的に人をいじめるものだということです。まずこの現実をよく見ないといけないでしょう。いじめは人間がもともと持っている嫌《いや》な側面だということです。本能といってもいいでしょう。

なぜ誰かを排除しようとするのか

　だからといって、仕方ないなんて思ってはいけません。だからこそなんとかしなければならないのです。そもそもいじめとは何か？　具体的に問題になるのは、クラスで誰か一人を無視したり、陰口《かげぐち》をいったり、暴力をふるったりする行為《こうい》ですよね。つまりこれは、別の言い方をすると、人を排除《はいじょ》することなのです。では、人はなぜ誰かを排除しようとするのか？

　排除というのは、古代ギリシアの時代から存在する人間の物の考え方です。これには、穢《けが》れを除くというケースと、逆に人望のある者を除くというケースがありました。時代がくだっても基本は同じです。自分たちの仲間の中に、やっかいな人や凄《すご》すぎる人がいる場合、そういう人を取り除きたいという願望が生じるのです。

　なぜなら、やっかいな人や凄すぎる人がいると、快適ではないからです。そうやって集団を快適なものにしようとするのが人間なのです。だから変わっている人や、いつもいい思いをしている人がいじめの対象になることが多いのです。

自由としての寛容

どういう人を排除《はいじょ》するかは、どういう集団を望むかで変わってくるといっていいでしょう。では、この排除したくなる願望を抑《おさ》えるものは何か？　それが寛容《かんよう》です。寛容もまた古代ギリシアの時代から存在します。たとえば古代ギリシアの哲学者アリストテレスによると、寛大《かんだい》さとは、共同体の倫理《りんり》としての自由を意味します。

近代社会では、イギリスの哲学者ロックの寛容論《かんようろん》が有名なのですが、それは宗教的自由を意味しました。ひとそれぞれの考え方があるのだから、それを認めないと自由が認められないことになるというわけです。

こうして寛容という考えは、集団に自由を保障《ほしょう》するための思想として広がっていくことになります。クラスでいうと、変わった人や凄《すご》い人がいても、その人たちを認めて受け入れないと、自由がなくなってしまうということです。

なぜいじめはいけないのか

自分に置き換《か》えてもらえばわかるのではないでしょうか。もし自分がクラスで面白いことをしたくなったとします。みんなの邪魔《じゃま》をしなければ、あなたには面白いことをする自由があるはずです。でも、そうやって変わったことをしたばかりにいじめられて、排除されるとしたらどうですか？　嫌《いや》ですよね。

嫌だからやらないとなると、まるで自由がないのと同じです。こんなふうに、寛容さがない場では、自由が奪《うば》われてしまうのです。だからいじめはいけないのです。人間は自由な存在です。その自由を奪う行為《こうい》は、人間性を奪うのと同じですから。「あなたは変わっているから、その行為をやめろ」とは誰《だれ》もいえないはずです。いや、そんなことをいってはいけないのです。

それにもかかわらず、そんなことをいってしまう、しかもいじめという形でそれを実行してしまうのは、人間が自由の大切さを忘れてしまっているからではないでしょうか。想像してみてください。誰《だれ》もが周りを気にして、目立たないように個性を消して生きる世界を。

恐《おそ》ろしいですよね。それにつまらないですよね。自由のない社会なんて。でも、今学校ではそれが起こっているのです。ぜひ自由の意味について考えてもらいたいと思います。

最初にも書いたように、人を排除《はいじょ》するのは人間の本能、生存《せいぞん》本能のようなものですから、いじめは簡単《かんたん》にはなくならないかもしれません。でも、そのせいで自分の自由が奪《うば》われているとしたら、それは本末転倒《ほんまつてんとう》であることに気づくべきなのです。

集団の中で快適に生きることを求めた結果、自由を失って快適に生きられなくなっているのですから。その証拠《しょうこ》に、みなできるだけ目立たないように気を付けようとします。目立ったら次のターゲットになってしまうからです。いじめていた子が次はいじめられるということもよく起こっています。

みんなが哲学する必要がある

この愚かさに気づくには、よく考えないといけないでしょう。自分たちの行動の意味、いじめの意味、自由の意味について。哲学はそのためにあります。「いじめとは何か？」をテーマに、みんなが哲学する必要があると思います。人間の本能であるいじめを防ぐには、本能を抑《おさ》えるための理性《りせい》が求められるのです。哲学はまさに理性の営みですから。

2

友達の疑問

友達は多い方がいいの？

友達は多いほうがいいかどうか。昔はこんな歌がありました。「1年生になったら、友達100人できるかな」。これは夢のある話にも聞こえますが、ある意味でプレッシャーでもありました。100人友達ができないとダメみたいに聞こえるからです。そのせいか、最近は聞かなくなりました。

でも、今でも大人の世界では、フェイスブックの友達が少ないといけないような風潮《ふうちょう》はあります。でも、フェイスブックでは友達と呼んでいますが、別に友達なわけではありません。ただの知り合いです。あるいは知り合いでさえもありません。どういう人かも知らないし、付き合いもないのに、なぜか友達と表現するのです。

友達って何？

いったい友達って何なんでしょうか？　古代ギリシアの哲学者アリストテレスによると、友達とは相手のことを自分と同じように思える人のことをいうそうです。つまり、困《こま》っている人がいたら、あたかも自分が困っているかのように感じて助けてあげられるような人です。見知らぬ人ならなかなかそうはいきません。

よくあいつは友達だとかいいながら、勝手に利用しているだけの人もいます。それははたして友達なのかどうか。アリストテレスは友達を三つに分けています。今の例のように、役に立つ友達、そして一緒にいて快適な友達、ただよくあってほしいと願う友達の三つです。

役に立つ友達は、どう考えても本当の友達だとは思えません。役に立たなくなったら、もう関係がなくなるわけですから、それは道具と同じです。人間を道具みたいに扱《あつか》ってはいけないので、それを友達と呼ぶのはよくないでしょう。

二つ目の一緒《いっしょ》にいて快適な友達。これは一見正しいように思いますが、やはり相手を自分の都合のいいように扱《あつか》っているのではないでしょうか。一緒にいて快適でなくなったら、捨《す》ててしまう可能性があるからです。そんな人とは付き合いたくないですよね。

今の二つの関係は、どっちも友達についてくる特典にしか目がいっていません。それは友達と見ているのではなくて、その特典、いわばおまけがほしいだけなのです。でも、友達とは自分と同じように考える人ですから、それではいけません。

これに対して三つ目の相手がただよくあってほしいと願う関係は、本当の友達といっていいのではないでしょうか。これはもうその人そのものを求めているわけですから。おまけがほしいわけではありません。いや、その人さえ求めていないでしょう。その人がいい状態であることを求めているのです。

たった一人でも本当の友達がいい

ここまで思える友達をつくるのは、正直大変です。アリストテレスもそれには時間がかかるといっています。でもだからこそ貴重《きちょう》なのです。なぜなら、相手もまた自分のことを同じように気にかけてくれるからです。そんな人何人もいるもんじゃありませんよね。

結局、友達は多くいればいいというものではないのです。たった一人でも、自分のことのように気にかけてくれる友達がいれば、それで十分なのではないでしょうか。自分のことを利用してやろうという友達もどきが１００人いるより、たった一人本当の友達がいる。私はそのほうがいいと思います。

なぜなら、友達はいざという時に自分を助けてくれる存在だからです。助けてくれないような友達なら、いないのも同じです。そんなことをいうと、結局助けてもらえるというおまけを期待してるじゃないかといわれるかもしれません。ところが、そうではないのです。

自分が付き合いたいような人になる

助けてもらえることを期待して付き合ってはいけないのです。それが目的だと、役に立つから付き合うというパターンになってしまいます。そうではなくて、結果として助けてもらえるということです。自分自身でそんな期待をしてはいけません。そこは大きな違《ちが》いがあることに注意が必要です。そういう期待を持っていると、それはにじみ出ますから、その友達を失うことになるでしょう。

みなさんの周りにどれだけそんな本当の友達がいるか、よく見渡《みわた》してみてください。そしてもしそんな人がいない場合は、ぜひ本当の友達を一人つくってみてください。その方法は簡単《かんたん》です。これもアリストテレスがいっていることですが、一言でいうと、徳を積むことです。自分自身がいい人間になるということです。そうすれば、ひとりでに本当の友達ができるはずです。

友達とは一方通行ではなくて、双方向《そうほうこう》の関係です。ですから、もし自分に本当の友達がいないとすれば、それは自分がおまけばかり求めているからではないでしょうか。

そんな人と付き合いたい人はいないと思います。みなさんもそうですよね。自分が付き合いたいような人に、自分自身がまずなる。それが秘訣《ひけつ》です。そのために努力していれば、気づいたときにはたくさんの友達ができていることでしょう。本当の友達が。

友達の疑問 3

先輩・後輩って何なの？

小学校の高学年にもなると、先輩《せんぱい》後輩《こうはい》という言葉を耳にするようになるのではないでしょうか。中学以上になると、ほぼ毎日耳にすることになるでしょう。大人になってからもそうです。特に日本では。

私の知り合いのアメリカ人が、私のことを「センパイ」と呼びます。なぜだか聞いてみると、日本ではそう呼ばないといけないことがわかったというのです。だから半ばからかうようにこう呼んでいるのです。たしかに彼は年下で、一時期同じ職場で働いていた先輩後輩の関係にあります。でも、別に私はそう呼んでもらわなくても構いません。

儒教の影響

面白いなと思ったのは、アメリカ人の目から見て、日本人は先輩後輩の関係にうるさいと思われているということです。おそらくこれは、年長者を重んじる儒教《じゅきょう》の考えに関係しているのでしょう。日本よりも儒教が色濃《いろこ》く残る韓国では、日本以上に先輩後輩の関係が厳《きび》しいですから。

日本ではもう儒教教育はしていませんが、戦前はありました。その影響《えいきょう》が文化として残っているのです。敬語《けいご》が明確なのも影響しているでしょう。その証拠《しょうこ》に、先輩に敬語を使わないと、叱《しか》られます。中学生になって、部活に入ると、まず先輩と後輩の関係をはっきりと植え付けられます。先輩は偉《えら》いという印象を植え付けるのです。だからきつい仕事は後輩がやることになります。そしてだんだん出世していくのです。

この仕組みは社会でも同じで、会社に入るとまず先輩に教えを請《こ》います。後輩は下働きから始めるのです。いくら実力があっても最初は下働きです。部活にも会社にも新人という言葉があるように、後輩の中の後輩である新人は、常に一番下に位置しているからです。

先輩は偉い？

でも、年齢《ねんれい》だけで上下関係があるなんて不合理だと思いませんか？　たしかに儒教では年長者を敬《うやま》うことが説かれています。でも、それは年齢を重ねているということは、経験も豊富でより物事を知っているという前提があるからです。

学校でも年長者になるほどよりたくさん勉強してきたわけですし、部活ではよりたくさん練習をしてきたはずですから、その部分に敬意《けいい》を払わなければならないのは当然でしょう。しかし、だからといって、偉《えら》そうにしていいかどうかはまったく別の話です。

そもそも儒教の祖である孔子《こうし》自体が、そのような偉そうぶる人ではありませんでした。だからこそ弟子たちから慕われたのです。先輩もそうでしょう。尊敬《そんけい》される先輩は、偉そうな態度は決してとりません。後輩よりも知識や経験があり、能力が高いとしても、謙虚《けんきょ》に振《ふ》る舞《ま》えるのです。

どこの世界もそうですが、知識や経験が劣るにもかかわらず、年齢だけ上だということで先輩の地位にある人ほど偉そうにします。偉そうにするのは、自信のなさの表れなのかもしれません。本当に力のある人は、そんなところで優位性《ゆういせい》を示そうとはしないものです。

それに本当に力があって、それでいて謙虚な先輩には、自然と敬意が払われますから、後輩もついていくのです。偉そうにするから後輩がついていくのではなく、偉いからついていくのです。先輩の地位にある人はそこを勘違《かんちが》いしないようにしなければなりません。

後輩なら許されて当然？

では、後輩はどうか？　後輩は先輩のせいできつい仕事をやらされるはめになります。ただ、きつい仕事は責任の重い仕事ではありません。責任の重い仕事は先輩が引き受けるのです。後輩は相対的に知識と経験の面で劣《おと》るので、肉体的にきつい仕事をさせられることはありますが、その分精神的にきつい仕事を免《まぬか》れている点を忘れてはいけません。

そして後輩は、先輩という存在《そんざい》に甘《あま》えることができるのも事実です。いわば見習いの時期を与《あた》えられているわけです。後輩が失敗しても、怒《おこ》られるのは先輩であることがあります。部活でもそういうことがあるのです。そんなとき、先輩は不合理さを感じているかもしれません。でも、後輩はまだ見習いですから、指導的立場にある先輩が責任を取るのは、ある意味で仕方ありません。

ですから、先輩だけがいい思いをして、後輩は損ばかりしているわけではないのです。問題は、後輩だから許されて当たり前という態度をとってしまうことでしょう。これはただ偉そうなだけの先輩と同じくらいたちが悪いといえます。後輩であることを悪用しているのです。

お互いを助け合うもの

そう、先輩も後輩も、それぞれの立場を悪用してしまってはいけません。本来の先輩後輩の関係は、お互いを助け合うものです。物事には先に始めた人と、後から始める人、先に来た人と、後から来た人がつきものです。人生そのものがそうです。よく年長者のことを人生の先輩といいますが、これは人間社会にとっては避けられないことなのです。

ですから、そんな人間社会をうまく回していくために先輩後輩が存在することを常に念頭に置いておく必要があります。そうすれば、先輩も後輩もそれぞれの果たすべき役割《やくわり》だと思えるようになるのではないでしょうか。そのときはじめて、海外の人からからかいの対象になるような先輩後輩関係はなくなることでしょう。そしてその反対に、日本が誇《ほこ》る助け合いの精神としての関係に生まれ変わるに違《ちが》いありません。

4

友達の疑問

人を好きになるってどういうこと？

人を好きになるとはどういうことでしょうか？　誰かを好きになるのは、人間の本能だといっていいでしょう。だって、みなさんも物心《ものごころ》ついたときから、親や家族のことが好きだったのではないでしょうか。そしてお友達を好きになる。そのうち異性《いせい》が好きになるのです。中には同性がいいという人もいるでしょう。それも理屈は同じです。

早い人なら幼稚園《ようちえん》くらいから、もう好きな子がいたのではないでしょうか？　小学校で付き合っているという子もいる時代ですから、中学生なら恋愛《れんあい》の一つや二つあってもおかしくはないでしょう。でも、なぜか子どものころって、まるでそれがいけないことであるかのように隠《かく》してしまいがちです。

周囲が冷やかすということもあるのでしょうが、それだけではないと思います。なぜか罪悪感を抱《いだ》いているのです。ただ、それは愛という名の本能なのです。ですから、はずかしいことなどまったくありません。

愛とは求めること

そもそも愛とは何でしょうか？　それは求めることにほかなりません。誰かを求めているのです。好きになったら、その人と一緒《いっしょ》にいたいと思いますよね。それは求めている証拠《しょうこ》です。では、なぜ誰かを求めるのか？　孤独《こどく》だから？　それなら別に好きな人でなくてもいいですし、友達でもいいはずです。

古代ギリシアのプラトンによると、それは人間が完全なものを求める存在だからといいます。人間は不完全な存在です。だから完全なものを求めるのです。よく誤解《ごかい》されるのですが、自分にないものを求めるのではありません。完全なものを求めるのです。その極致《きょくち》は不死だといいます。だって、死なない人間ってある意味で完全ですよね。

もちろん、好きになる人は死なない人でも、完全な美を備えた人でもないでしょう。そんな人はいません。いわばそれに一番近いと思える人を求めるのです。

いずれにしても、人が誰《だれ》かのことを好きになるのは、人間が不完全な存在だからです。そして誰もが不完全である以上、誰もが人を愛するようにできているのです。そんなふうにいうと、ロマンがなくなると怒《おこ》られてしまいそうですが、心配はいりません。自分が誰かのことを好きになっているときは、その人が完全だと思えるものですから。

エロース

恋愛というのは、ある種の思い込みです。だから誰かを好きになったら、周りが見えなくなるのです。その人しか見えない。もっと正確にいうと、その人を見ている自分しか見えないのです。

先ほどのプラトンは、恋愛のことをエロースと呼びました。これは相手を追い求める気持ちのことです。恋愛というのは、相手のことばかり考えているようで、実は自分のことを考えているという側面があるのです。そこが行き過ぎると、自分勝手になってしまって、相手に迷惑《めいわく》をかけてしまいます。そして嫌《きら》われてしまうのです。

役に立つ情報でしょ？　でも、あまりこんなことをいわないほうがいいのかもしれませんね。恋愛というのは、そういう失敗も含めて、自分自身で経験していくものですから。その過程を通じて自分自身が成長していくのです。本当に誰かを愛せる人間になれるように。

無償の愛

愛するという言葉にはもう一つ別の意味があります。それは自分を犠牲《ぎせい》にするということです。これを無償《むしょう》の愛といいます。無償の愛は恋愛とは違って、自分のことよりも相手のことを考えます。親が子を愛するというのはこれに当たります。親は自分を犠牲にしてでも子どものことを守ろうとします。

これが無償の愛です。

すごいことですよね。私はこんなすごい愛が持てるようになるのは、恋愛の経験を経るからだと思っています。誰《だれ》かを好きになると、まず恋愛感情を持つようになります。必死になって追いかけるのです。でも、うまくいかないこともある。そうやって自分が自分のことしか考えていなかったことを反省します。

本当の愛に近づく

恋愛がうまくいって、長く続くということは、きっときちんと人を愛せるようになった証拠《しょうこ》なのでしょう。そうでないとその人と結婚《けっこん》できません。結婚して家族になると、無償の愛が生まれるのです。恋愛の失敗によって、本当に誰かを愛せる人間になれるというのはその意味です。

おそらくみなさんは、これから誰かを好きになったり、逆に好きになられたりすることでしょう。振《ふ》ったり、振られたりということもたくさん経験することと思います。それはとてもつらいことですが、一つだけいいことがあります。そのたび一歩本当の愛に近づくということです。そう思って、勇気を出して誰かを愛してください。

矛盾《むじゅん》しているように聞こえるかもしれませんが、人を好きになるのは、本当に人を好きになるためなのです。だから本当に誰かを好きになりたい人は、まず誰かを好きになるよりほかに方法がないのです。ドイツ出身の社会心理学者フロムはこういっています。愛とは踏《ふ》み込《こ》むものである。愛を知るには、また愛を得るには、自分がそこに踏み込むしかないのです。

5

友達の疑問

どうして他の人とはわかり合えないの？

日常の問題のほとんどは、人とわかり合えないことが原因です。コミュニケーションの問題ですね。では、どうして他の人とはわかり合えないのか？　同じ人間ですから、私たちはつい相手も同じように考えていると思い込んでしまいます。ところが、そんなことはないのです。人間という意味では同じであっても、あくまで別の人間です。

それでも話し合えばわかるはずだと思ってしまいます。いや、実際に話し合えば少しはわかり合えるでしょう。みなさんもそんな経験があると思います。最初はわかり合えなかったり、意見が違《ちが》ったりしても、話し合った結果わかり合えたという経験が。

言葉はわかり合うためにある

言葉はそのためにあるといってもいいでしょう。みんながわかり合える共通のルール。それが言葉です。同じ社会では、同じルールを共有して、お互いに意思疎通《いしそつう》ができるようにしているのです。

そうでないと、いちいち気持ちや本音を確認し合っていては、生活に支障《ししょう》が生じるからです。たとえばお店で買い物をする際、「これください」といえばすぐわかります。でも、そういう表現がなかったら、いったいどうすればいいのか。物を買うだけでも一苦労です。だから言葉は相手の気持ちを理解するための道具として発明されたわけです。

それなら言葉を使えばなんでもわかり合えるかというと、それがそうでもないのです。これも経験があると思いますが、自分の意図と相手の理解が食い違うことってありますよね。いわゆる誤解《ごかい》です。満足したというつもりで「もういいです」といっても、相手は嫌《いや》がっているんだなととらえる可能性はあります。

同じ言葉でも正確に伝わらない

同じ言葉でも、ニュアンスや文脈や使い方次第で違《ちが》う意味になるのです。オーストリア出身の哲学者ウィトゲンシュタインは、人間のそんな言葉のやりとりを言語ゲームと名付けました。あたかもルールのもとでゲームをするかのように、人は言葉のやり取りをしているのです。したがって、ルールが異なると、つまり違うルールを意識していると、同じ言葉でも相手に正確に伝わらないのです。

ただ、それでも私たちは言葉を使ってやり取りするよりほかありません。議論《ぎろん》を重ねることで、少しずつ本当にいいたいことを伝え、理解するように努めるほかないのです。究極的なことをいうと、異なる人間である以上、100パーセント同じ気持ちにはなれませんから、100パーセント理解し合うのは無理でしょう。でも、限りなくそれに近づくことは可能です。

問題はその努力さえしようとしないことです。理由は二つあります。一つは、幻想《げんそう》です。他の人もわかっているはずだとか、わかってくれるに違いないと決めてかかっているからでしょう。これが幻想にすぎないことは、すでにお話ししました。

面倒を避けてあきらめている

もう一つはさらに厄介《やっかい》なのですが、あきらめです。私たちは他の人とわかり合うことをあきらめてしまっているのです。それはわかり合えないと思っているというよりは、わかり合えるかもしれないけれど、とても面倒《めんどう》なので避《さ》けているのです。

毎日誰《だれ》かと話していればすぐに気づきますが、わかり合えるまで話し合うというのは、とても大変なことなのです。だからその努力を避けようとするのです。どうせすぐにはわかってもらえない。それならもうわかってもらわなくてもいい。そんなふうに考えるようになるわけです。

誰《だれ》もがこうした態度を取り始めるとどうなるか？　みんながわがままになりますよね。迷惑《めいわく》もかけるでしょう。でも、迷惑をかけてトラブルになるのは嫌《いや》だから、コミュニケーションをとらないようになる。これが今社会で起こっていることです。

みんながわがままになって、迷惑《めいわく》をかけているのに、コミュニケーションをとらない状態です。多少の迷惑は我慢《がまん》しているのでしょうが、たまにその不満が爆発《ばくはつ》することがあります。それで結局大きなトラブルになってしまうのです。

こんな状態がいいわけがありませんよね。他の人とわかり合えないのは当たり前です。自分とは異なる人なのですから。そのことを十分理解したうえで、それでも私たちはわかり合おうとする努力をしなければならない。それが社会を生きるということの意味でもあるのです。

人は一人では生きていけない

私たちは一人で生きているわけではありません。この世の中は他の人との協力なしには生きていけないようになっているのです。わかり合うための努力は、その協力のうちの一つだと思ってもらえばいいでしょう。

古代ギリシアの哲学者アリストテレスは、人間は社会の中で生きる存在《そんざい》だといいました。そうして社会の中でみんなとうまくやっていくための態度やルールについて考えたのです。それを倫理《りんり》といいます。他の人と分かり合うということは、お互いに倫理を作り上げていくことにほかなりません。反対から見ると、倫理とはわかり合えない他人同士をつなぎあわせる接着剤《せっちゃくざい》のようなものなのです。

第3章

ルールの疑問

1

ルールの疑問

いい悪いって誰が決めるの？

いいことをしたら褒《ほ》められますよね。逆に悪いことをしたら叱《しか》られる。これはいったいなぜでしょうか？　簡単《かんたん》にいうと、いいことはみんなのプラスになることで、悪いことはみんなのマイナスになることだからでしょう。

でも、いい悪いって誰《だれ》が決めるのでしょうか？　自分がいいと思っても、他の人からするとよくないこともあって、後から叱られるということがあります。「よかれと思ってやったのに」なんて表現があるように。

天秤のイメージ

いいこととは、正しいことと表現したほうがわかりやすいかもしれません。正しさについては、歴史の中でも多くの人たちが議論《ぎろん》してきましたから。たとえば、古代ギリシアの哲学者アリストテレスは、それはバランスのことだと考えました。たしかによく正義のイメージは天秤《てんびん》で描《えが》かれることがあります。

どっちかにかたよっていてはいけないのです。たとえば、誰かが一方的に得をしていると、正しくないと感じませんか？　なんだかずるいと感じてしまうのです。反対に、誰かがものすごく損をしているのも正しくないと感じるものです。世の中の富の不平等が社会問題になるのは、そうした理由からでしょう。

不平等と正義

実際に、アメリカの哲学者ロールズのように、世の中の不平等を正義の話として論《ろん》じた人もいます。では、いったいどうやってバランスを保てばいいのか？　ロールズによると、それは自分の事情を忘れることだといいます。つまり、人は自分の事情を考えると、バランスを保てなくなるのです。それで正しい行いができないのです。

もし食べ物が少ししかないとします。この場合、本当は平等にわけるべきだとわかってはいても、自分がお腹《なか》をすかせていたら、つい多めにとってしまったりするものです。自分は我慢《がまん》するという人も、家族がお腹をすかせていたら多めにとってしまうかもしれません。

みんながこんなふうに考えだすと、世の中は不平等になってしまって、正義が実現されないのです。だから自分の事情は脇《わき》におかなければならないのです。その意味では、誰がいい悪いを決めるかというと、やはり自分自身ということになるでしょう。

ただ、それをひとりよがりな基準で判断していてはいけないのです。法律《ほうりつ》で決まっていれば、それに従っていればいいのですが、何もかもが法律で決まっているわけではありません。ですから、自分で判断しなければならないことは多々あります。いや、日常の判断においては、ほとんどがそうでしょう。そこでよく出てくるのが、常識という言葉です。常識に照らして判断しなさいといわれます。

常識って何？

でも、常識って何なんでしょう？　英語ではコモンセンスっていいます。コモンは共通という意味ですから、みんなが抱《いだ》いている共通の感覚が常識だとひとまずはいえそうです。たしかに、みんながそう思っている基準があるのなら、それが一番です。人から間違っているといわれることもないでしょう。

では、それをどうやって発見するか？　スコットランド出身の思想家アダム・スミスによると、これはもうよく観察するしかないようです。みんなはどうやって振る舞っているのだろうか、みんなはどう判断しているのだろうかと。そうやってだんだん、「これならみんなもいいといってくれるかな」と配慮《はいりょ》できるようになるのです。わからなければ聞いてみてもいいでしょう。

ただ問題は、みんなが間違《まちが》っていることもあるということです。みんながいいといってくれそうなことは、自分としては納得《なっとく》がいかない。そういうこともあるでしょう。いわば常識が間違《まちが》っているケースです。これもあり得ます。常識は時代と共に変化してきていますから。大昔は奴隷《どれい》が当たり前のように認められていましたが、いま奴隷を認める国はないでしょう。

ですから、私たちはみんなが正しいと思うことに従いつつも、同時にまたそのみんなの正しさを疑《うたが》う必要もあるのです。その意味でも、いい悪いは自分が決めるということになります。みんなの正しさが間違っているかもと思うのはとても困難《こんなん》なことですが、哲学をしていれば不可能ではありません。そう、ここで哲学が役に立つのです。

勇気を出して口にしてみること

哲学というのは、日ごろ自分や世間が当たり前だと思っていることをいったん疑ってみる営みです。ですから、常に哲学をするようにしていれば、みんなの間違いにも気づけるようになるはずです。そういう態度で過ごすということです。

そんなに疑い深くなったら、嫌《きら》われそうだと心配する人がいますが。別にその態度を表に出すわけではありません。自分の心の中で疑ってみるだけでいいのです。「本当かな?」「これでいいのかな?」と。

そしてこれは間違っているのではないかと思えば、勇気を出して口にしてみるのです。きっと感謝されるに違いありません。実際に、世の中はそうした勇気のある少数の人たちのおかげでよくなってきたのです。さっきの奴隷の話だって、誰かが「これはおかしい」と勇気を出していったから廃止《はいし》されたのです。

たとえ自分の判断が間違っていたとしても、何も恐《おそ》れることはありません。そこから本当の正しさを学べばいいのですから。何もいわなければ、学ぶことはありません。一生正しくないことをしながら生きることになるのです。それなら勇気を出していってみたほうがいいと思いませんか?

2

ルールの疑問

どうして親のいうことを聞かなきゃいけないの？

どうして親のいうことを聞かなければならないか？　子どもなら一度は思うことでしょう。自分は独立した存在なのに、なぜか親が指図してくる。しかもその親の指図に従《したが》わなければならないようになっている。こんなのひどいと……。

子どもとは？

したがって、そもそも子どもとはどういう存在《そんざい》なのか考えてみる必要がありそうです。一般に子どもとは、大人や親の反対語だとされています。大人の意味を考えると、これは成人ともいわれるように、完成した人ということです。だから何をやっても自分で責任を取らなければならないのです。もう完成しているはずですから。ただ、この場合の完成というのは、決して間違いを犯さないという意味ではありません。

ずっと育てられてきて、これなら大丈夫ということで社会に独り立ちさせてもらう。でも、本当に大丈夫かどうかは、社会に出てみないとわかりません。色んなことが起こりますから。それに頭で勉強してきたことと、実際にやってみるのとは違いますから、大丈夫だと思っていても失敗します。それが人生です。

でも、一応できるはずということで社会に出ているので、失敗の責任は自分が取るのです。これに対して子どものほうは、まだ完成していません。成長の途中なのです。成人に対して未完成人？　だから当然失敗します。さらに失敗の責任も取らなくていい場合があります。何の責任もとらなくていいというわけではありません。

子どもは成長の途中

成長の段階に応じて取らなければならない責任はあります。幼稚園児《ようちえんじ》ですら、お友達のものをとったら謝らなければならないのです。少年だって刑事《けいじ》責任《せきにん》を問われることがあります。それでもやはり大人ほどの重い責任を問われることはありません。まだ成長の途中だとみなされているからです。

どうやらこの成長の途中《とちゅう》というのが大人と子どもの最大の違いのようです。人間という生き物は、生まれたときから死ぬまで同じということはありません。生まれたばかりのときは、自分で立ったり、ご飯を食べたりすることさえできないのです。これは他の動物と異《こと》なる点です。馬は生まれてすぐ自分で立ち上がりますよね。ご飯も食べられます。

人間はそういうふうにはなっていなくて、ものすごい時間をかけて徐々《じょじょ》に成長していきます。そしてようやく自分で何事もできるようになったとき、独り立ちできるとされているのです。そんなことをいうと、幼少期《ようしょうき》にちゃんと自分で歩いたり食べたりできるようになると反論《はんろん》したくなるかもしれません。

でも、人間社会は複雑なので、ただ自分で歩いたり食べたりできるようになるだけでは、安心して独り立ちさせられないのです。複雑な社会を歩いていく、つまり騙されたり、損をしないように生きていけるだけの思考力と判断力を養っておく必要があるわけです。

親は子どもの成長に対して責任を負う

それはもう自分一人で身に付けることができるものではありません。世の中が複雑になるにしたがって、学ぶべきことも増えます。それに比例して、教育を受ける期間も長くなっていきます。そうなると、その間誰かが面倒《めんどう》をみないと、生きていけないのです。その役割《やくわり》を担《にな》っているのが親なのです。

親も大人ですが、単なる大人ではなく、自分の子どもの成長を担う大人ということになります。なぜ親がその責任を担うのか？　それは親が子どもを産んだからです。あるいはその責任を引き受けたからです。子どもには親を選ぶ権利《けんり》が基本的にはありません。そうなると、大人として責任をもって判断した親が、その責任を果たすのは当然のことです。

そして子どもは、親に頼《たよ》っていていいことになるのです。責任をとる必要もありません。いい身分ですよね。ただ、その代わり親のいうことを聞かなければならないのです。これはもう役割分担《やくわりぶんたん》のようなものです。何事にも分担があります。

自分はもらうだけで、何もしない、何もいうことをきかないというわけにはいかないのです。その意味で、子どもの成長に対して責任を負うのが親の役割であるとすれば、その親の指図に従うのが子どもの役割だといっていいでしょう。

子どもは所有物ではない

とはいえ、子どもは親の所有物《しょゆうぶつ》ではありません。あくまで独立した一人の人間ですし、そもそも親は自分の責任を果たしているのであって、自分の好きなことをしていいわけではありません。ドイツの哲学者ヘーゲルは、親の役割は子どもが社会で立派《りっぱ》にやっていけるようにすることだといいました。まったくその通りです。それが目的なのです。

したがって、子どもがいうことを聞かないといけないという範囲《はんい》や程度も、必然的にその目的に制限されてきます。たとえば、いくら親の指図だからといって、親が自分の気が済《す》むように子どもにつらいことをさせるのは、まったく目的から外れています。そんな指図は聞く必要はありません。

だから親が何かをいってきたとき、嫌《いや》だなとかおかしいと思っても、よく目的を考えてみてください。なぜ親はこんなことをいうのだろうかと。そして親の目的が自分の成長のためだとわかれば、素直にいうことを聞いたほうがいいでしょう。それは子どもをちゃんと独り立ちできるようにしてあげたいという親の愛情でもあるのですから。

3

ルールの疑問

どうしてケータイを自由に使っちゃだめなの？

今や小学生でも持っているケータイ。みなさんも持っているのではないでしょうか？　それなのに自由に使わせてもらえない。これってなぜなのでしょう？　せっかく持っているんだから自由に使わないと、宝《たから》の持ち腐《ぐさ》れのようにも思います。

ケータイとは何か

でも制限されているからには、それなりの理由があるはずです。まずそもそもケータイとは何かというところから考えていきましょう。ケータイとは、携帯電話《けいたいでんわ》の略《りゃく》ですよね。でも、もう電話の域《いき》を超《こ》えて、コンピューターになっています。携帯コンピューターです。特にＬＩＮＥをはじめとした通信機能がよく使われています。もちろん情報を検索《けんさく》したり、動画を見ることもできます。なにしろコンピューターですから。

まずこの部分に問題があるのではないでしょうか。というのも、ＬＩＮＥのように複数の人たちの間で文字だけで簡易《かんい》にメッセージを交換《こうかん》できるとなると、見知らぬ人と簡単に交流できるようになったりします。これは子どもにとっては危険《きけん》が高まることを意味します。世の中には悪い大人がいて、子どもを利用してやろうと狙《ねら》っていますから。

また、複数の人たちの間でメッセージを交換できるようになると、仲間外れを作りやすくなります。面と向かっているとそれほど抵抗《ていこう》がなくても、文字だけのコミュニケーションだとそのハードルが下がるのです。また言葉はニュアンスを出すのが難《むずか》しいので、余計《よけい》にそうした傾向《けいこう》に拍車《はくしゃ》をかけてしまいます。

さらに、子どもにとって有害な情報を簡単に入手できるのもよくありません。動画も同じでしょう。健全な成長のためには、成長の度合いに応じた情報に接していく必要があるからです。感受性が高い時期に大きなショックを受けると、必要以上の影響を与えてしまう可能性があるのです。

これがコンピューターを手にする場合の問題ですが、ケータイの場合はそれを随時《ずいじ》持ち歩くことができることになるのです。つまり、常時危険《きけん》な状態にさらされるうえに、その様子が親には見えなくなってしまうという問題が生じるのです。

危険が高まるうえに、守られる機会が少なくなるとなれば、ほうっておくわけにはいきません。これがケータイの使用を制限する理由です。

どこまで制限すればいいの?

では、どこまで制限すればいいのでしょうか? その線引きが問題なのです。ある程度の制限は何事にもあり得ることです。それは仕方ありません。大人にだって制限はあるのですから。その制限が合理的かどうかを問うべきなのです。

子どもがケータイを使う場合は、先ほど見たように、危険が現実のものとなり、親が守れなくなるようだともうだめでしょう。ある程度のリスクは仕方ないにしても、危険が現実のものになるような使い方は制限しなければなりません。そのためには、親が守れる状態、つまり親がストップをかけられる状態が保たれている必要があります。

たとえば、毎日の使用状況を親が1日1回でも確認できるといいでしょう。そして、このサイトは有害だからダメだとか、こういうコミュニケーションの仕方はよくないといったアドバイスをすればいいのです。

子どもはそんな監視《かんし》をしてもらいたくないでしょうが、まったく自由を失ってしまうよりはましなはずです。危険な目にあって後悔《こうかい》するより、多少の自由は奪《うば》われても、毎日安全にかつ楽しく過ごせるほうがいいのではないでしょうか。

自由の制限は大人も

　大人だってそうやって安全を重視して、多少の自由を犠牲《ぎせい》にしています。たとえば町中にある監視《かんし》カメラもそうでしょう。監視カメラがあるのは窮屈《きゅうくつ》ですが、安全は何よりも大事なので仕方ありません。そもそも法律《ほうりつ》自体がそうです。法律は「あれをしてはいけない」とか「これをしてはいけない」というふうに、私たちの自由を奪《うば》うものです。でも、それは私たちの快適な生活を保障《ほしょう》するためなのです。

　自由というものは、そうやって歴史上常に制限をされてきました。私たちの生活を快適にするためです。人間は自由にしたがる存在です。誰だって制限されるのは嫌《いや》でしょうから。でも、それを放置すると、問題が生じるのです。だから自主的に制限を課してきたわけです。ケータイを自由に使えないのも、そうした流れの中にあることを忘れてはいけません。

行き過ぎた制限には抵抗する

もちろん、制限は行き過ぎることがあります。管理する人は常に制限を強くしがちです。そのほうが管理しやすいからです。だから私たちは制限を受入れると同時に、自由を守る行動もしなければなりません。制限が行き過ぎているときは、抵抗をしなければならないのです。

制限を受入れながら抵抗するって、なんだか矛盾《むじゅん》しているようにも聞こえますが、決してそんなことはありません。なぜなら、制限を受入れるのは、自由を完全に失ってしまわないようにするためだったはずです。ですから、もし制限が強すぎて自由を完全に失ってしまいそうになったときには、やっぱり抵抗しなければならないのです。

私たちの基本は自由にあるということです。面白いことに、ケータイが自由を守る道具になることもあります。政府の制限が強すぎる国では、ケータイを使って連絡《れんらく》を取り合い、自由を守るための革命《かくめい》が起こったケースもあるからです。ケータイはそんな力も持っているだけに、警戒《けいかい》されるのです。このせっかくのすごい力をうまく使わないといけませんね。

4 どうして嘘をついちゃいけないの？

ルールの疑問

嘘は相手を騙す

どうして嘘《うそ》をついてはいけないのか？　それは嘘をつくことが悪いことだと思われているからです。嘘とは自分の心で思っていることと、いっていることが異《こと》なるわけですから、相手を騙《だま》すことになります。たとえば、自分が壊《こわ》したのに、やってないといえば騙したことになりますよね。

この場合、相手は誰がやったのかわからなくなってしまい、弁償《べんしょう》をしてもらうこともできなくなります。だから嘘は悪いとされるのです。人に迷惑《めいわく》をかけるから。そうすると、人に迷惑をかけない嘘ならいいのかどうか？　相手が変な服を着ていたとき、「似合う?」といわれて、「うん、似合うよ」といえば、嘘になりますよね。でも、相手を傷《きず》つけたくないわけですから、迷惑とはいえなさそうです。この場合は嘘ではないのでしょうか。

これはいわゆる優《やさ》しい嘘と呼ばれるものです。英語ではホワイト・ライ（白い嘘）といいます。これはとても難《むずか》しい問題です。嘘なのかどうか。相手のためを思っていっているわけですから、優しい嘘はそもそも嘘ではないという人もいます。

でも、自分が「似合っている」といったせいで、相手が周囲の人からからかわれることになれば、それはやっぱり迷惑をかけることになるので、本当のことをいうべきなのかもしれません。そうするとやっぱり嘘になりそうです。

「一切の嘘はいけない」

嘘はいけないといってしまうと、こういうときに困《こま》ります。ドイツの哲学者カントはとても厳《きび》しい人で、一切の嘘がいけないといいます。なにしろ毎日決まった時間に散歩をし、ずっとまじめに哲学に生涯《しょうがい》を捧《ささ》げてきたような人ですから。そのカントの厳《きび》しさがよくわかる例がこれです。もしあなたが、殺人鬼《さつじんき》に追われる友達を家にかくまっているとします。そして運悪くその殺人鬼がやってきて尋《たず》ねます。「ここにお前の友人はいるか?」さて、どうしますか?

もし嘘《うそ》をついてはいけないのなら、「はい、います」というしかありません。でも、そうすると友達は殺されてしまう。カントは仕方ないというのですが、それはどう考えてもおかしいですよね。こんなふうに命がかかっている場合は窮余《きょうよ》の策《さく》として嘘も許されるという人もいます。つまり例外ですね。

だけど、曖昧《あいまい》な真実をいうという手もあるのではないでしょうか?「さっきスーパーにいましたよ」とか。もしその友人がスーパーから逃《に》げてきたとしたら、これは決して嘘ではありません。殺人鬼はスーパーの方に向かうでしょうから、めでたしめでたしです。

嘘は自分への裏切り

曖昧な真実はあくまで真実なので、嘘ではないですよね。いや、それでもカントは嘘だというかもしれません。「ここにいるか？」という問いに答えてないのですから。いったいカントはどうしてそこまで嘘にこだわるのか？

それは嘘が、自分を裏切《うらぎ》ることになるからだといいます。自分を裏切ることで、自分をダメにする。これが嘘の本質だというのです。

自分への裏切りといわれれば、たしかにすべての嘘がいけないことになります。それほど人間性というものを重視しているのです。人間は正しい行いをする生き物だということです。そうでないと人間は動物と同じになってしまうと。

たしかに、動物は正しい行いをしようなんて考えません。本能のままに生きていますから。

嘘をついたほうが自然なら

大げさにいうなら、嘘《うそ》をつくということは、人間であることに反するということなのです。だから嘘をついてはいけないのです。でも、人間には色んな側面があります。優《やさ》しさもあれば、不合理な行動をとることもあれば、間違いも犯します。それが人間の自然な姿《すがた》です。ですから、その自然な姿もまた大切にしなければならないように思うのです。そうでないと人間ではなくなってしまいます。

だとすると、嘘をついたほうが自然なら、それでいいようにも思います。友達が殺されるかもしれないのに馬鹿正直になるというのは、どう考えても不自然でしょう。嘘も方便《ほうべん》という言葉があるのはそのためだと思います。嘘はついてはいけない。それが人間であることを守るためであるとするなら、その同じ目的のために嘘をついてもいいときがあるのです。

嘘に限らず、いい悪いは一概《いちがい》には決められません。目的をよく考える必要があるでしょう。なぜ悪いのか、なぜいいのかと。その際、間違った判断をすることもあるかもしれません。そういう場合は後悔《こうかい》もするでしょう。でも、それが人間なのです。嘘をつき、嘘をつかれ、自分ではいいと思っていっても人を傷《きず》つける。あるいはやむを得ずついた嘘によって思い悩《なや》む。そんな失敗をしながら、人間は成長していくのです。

5

ルールの疑問

どうして人に合わせないといけないの？

人に合わせるのは簡単ではない

よくみんなと合わせなさいといわれます。でも、それって難しいですよね。自分には自分の考え方があるし、自分のやり方があります。自分は人とつながっているわけではありませんから、人と同じようにやるというのはそう簡単《かんたん》ではないのです。

瞬間的《しゅんかんてき》に人の頭と頭をつなぐことができて、気持ちや考えがわかるならいいですが。いや、おそらくそんなことをしても人の気持ちや考えはわからないでしょう。結局最後は自分の頭を通して何事も理解しなければならないのですから。頭をつないでも、自分で解釈するしかないのです。

そうするともう人をよく見て、人の気持ちを想像しながら、あるいは人とコミュニケーションをとりながら活動するしかありません。でも、どうしてそんなことをする必要があるのでしょうか？

協調性がないと困る

少なくとも、それができないと「あなたは協調性がない」といわれてしまいます。そして通信簿《つうしんぼ》にもそうやって書かれてしまうのです。協調性とはいったい何なんでしょうか？　協力するの協の字が入っているように、わかりやすくいうと、人と協力して作業ができるということだと思います。

逆にいうと、協調性のない人は人と協力して作業ができない。それが困《こま》るから、協調性が必要だとか、人と合わせなさいといわれるのです。でも、どうして困るんでしょう？　まず一緒に作業をする集団が困るのはわかります。みなさんもグループで活動するときに、誰か一人協力してくれない人がいたら困りますよね。その人の分を他の人が担当《たんとう》しなければならなくなったりします。

もっと困《こま》るのは、その人が違《ちが》うことばかりいったり、したりすることで、作業が進まないケースです。でも、仲間に入れないといけない。その人が故意に邪魔《じゃま》している場合は、先生にいったりしてなんとかしてもらえばいいですが、性格上なかなか人に合わせられない人だと大変です。

では、そういう人は自分も困るのかどうか？　本当は合わせたいのにうまくできないという場合は困りますよね。うまくいかないので、嫌な気持ちになるということです。他の仲間とトラブルにもなるでしょう。自分では気づいてない場合は、重要な役割《やくわり》を任せてもらえないかもしれません。これは損ですよね。だから結局人と合わせないと、自分も困るのです。

妥協して協調する

じゃあ合わせればいいのですが、そう簡単《かんたん》なことではないのです。人間には個性があります。そして主張もあります。人と合わせるということは、時にその個性を抑《おさ》え、主張するのを我慢《がまん》するということになります。

個性が強いほど、主張が強いほど、その我慢は苦痛なものになることでしょう。ただ、すでにみたように、それを押し通すと困るわけですから、妥協《だきょう》するよりほかありません。これはネガティブな表現にも聞こえますが、協の字がつくように、協力の仕方の一つなのです。自分の主張を全部押し通すのではなく、他の人の主張も取り入れる態度です。

こうしてはじめて協調が可能になります。協調性には調という字も入っていますが、まさに音楽の調べと同じで、合奏《がっそう》の際に自分の音だけ大きすぎると、いい音楽になりませんよね。ですから、妥協は我慢ではなくて、全体としていい音楽にするための技にほかならないのです。

自分の楽器がどれだけ面白い音が出るか、どれだけユニークな演奏ができるか見せたいだけなら、人に合わせる必要はありません。でも、集団で何かをやるということは、合奏なのです。つまり目的が違うわけです。自分も何かをやって、そこに参加しているわけですが、自分自身が目的だったり、自分のやりたいことだけをやるのではありません。

私も経験があるのですが、会社に入ったばかりのとき、上司《じょうし》からこんなことをいわれました。会社はいつも君に主役になってもらおうとは思ってないよと。はりきっていた私は、いつも主役になろうと主張を押し通していたのでしょう。自分でも気づかないうちに。

説得ではなく合意を目指す

もちろん、常に個性を押し殺す必要もないことはいうまでもありません。個性を発揮《はっき》すべき時は発揮すべきですし、主張を押し通さないといけない場面もあるでしょう。大事なのは、今自分に何が求められているかをきちんと把握《はあく》できる能力です。

それがわからないと、いわゆる空気の読めない人扱《あつか》いをされてしまうのです。みんなと合わせることが求められているときは、妥協《だきょう》できる人じゃないと、ただの困《こま》った人になってしまいます。そういう切り替《か》えが的確にできるようになるには、開かれた態度でいることでしょうね。

これはドイツの哲学者ハーバーマスがいっていることですが、コミュニケーションというのは説得ではなくて、合意のためにあると。自分の主張を押し付けて説得してやろうという態度でいると、妥協なんてできません。そうではなくて、いつも合意を目指そうという態度でいればいいのです。そうすれば自然と開かれた態度になるはずです。これが人に合わせることができる、協調性のある人の態度だといえます。

第4章

社会の疑問

1

社会の疑問

どうして働かなきゃならないの？

働くことはつまらない？

どうして働かなければならないのか。子どもがこんな問いを投げかけなければならない社会は、悪い社会だと思います。こういう問いが出るということは、働くことにマイナスのイメージがある証拠《しょうこ》だからです。

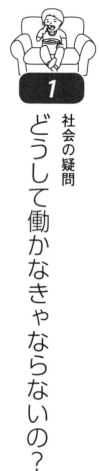

「パイロットになりたい！」「ケーキ屋さんになりたい！」「野球選手になりたい！」昔はそんなキラキラした言葉が小学生の間に飛び交っていたものです。ところが、いまや「どうして働かなきゃならないの？」ですから。

やはりこれは、今の大人たちを見て、あるいは社会を見て、働くことが大変で、つまらないことだと思ってしまっているからでしょう。はたして働くことは大変でつまらないことなのかどうか？　そもそも働くとはどういうことなのか？

この問いは大人でさえよくわからなくなってきているので、まさに大人と子どもが一緒《いっしょ》に考えるのにふさわしいものだといっていいでしょう。一般に働くというのは、自分の身体や頭を使って誰かのために貢献《こうけん》し、その対価《たいか》をもらうことです。だからそれ自体は大変でもつまらないことでもないはずです。かといって、一概《いちがい》に楽で楽しいことだともいえません。

違うのは気持ちだけ

でも、身体や頭を使うということ自体は、気持ち次第で楽しいことになり得るはずです。だって、スポーツは楽しいし、ゲームも楽しいでしょう。そんなことをいうと、それは仕事じゃないという人がいます。でも、スポーツ選手はスポーツを仕事にしていますし、ゲームのプロもいます。

そういう仕事は楽しそうだけど、会社で働くのはしんどそう？　それも気持ち次第ではないでしょうか。たとえば、スポーツで走るのは楽しいのに、仕事で取引先を歩いて回るのは楽しくないというのは変じゃないですか？　どっちも動作はあまり変わりません。ゲームでパソコンに向かうのは楽しいのに、仕事でパソコンに向かうのは楽しくないというのも変です。見た目はあまり変わりませんから。

中身が違《ちが》う？　そうでしょうか？　私にはそんなに違いがあるようには思えません。どちらも一定のルールのもとに身体と頭を動かしているだけです。違うのは気持ちだけなのです。こんなふうに気持ち次第で、人間の営みはまったく意味が変わってしまうのです。実際に、同じ仕事を楽しんでやっている人とそうでない人がいますから。

誰かに喜んでもらえて評価される

仮に営み自体は楽しくないとしましょう。大変でつらい。でも、誰かに貢献《こうけん》する喜びはどうでしょうか？　先ほど書いたように、仕事には誰かに貢献するという要素があるのです。つらくても、誰かに喜んでもらえたらうれしくないですか？　相手が喜ぶということは、その人が何か得をしているわけですから、そこに対価が発生するのです。報酬《ほうしゅう》、お給料のことです。

お金をもらえたらうれしいですよね。でも、なぜうれしいのか？　それは自分が評価されたからではないでしょうか？　その証拠《しょうこ》に、自分がやったことに対して対価が少なかったら、うれしくないはずです。たくさんもらいすぎても、やっぱり素直に喜べないのでは？

働いたうえでの評価は正当であるべきなのです。なぜか？　それは働くということの目的に関係しているように思います。さて、ここでなぜ働くのかという問いに戻りたいと思います。すでに見てきたように、気持ち次第では働くことは楽しいというのと、誰《だれ》かに喜んでもらえて、評価されるという理由が挙げられました。ドイツの哲学者ヘーゲルは、このことをまとめて、自分磨《みが》きになるからだと表現しました。

どうしたら自分磨きにつながるか

つまり、自分のためになると思えば、人は楽しめるのです。そして評価されることで自分を高めることができるのです。人はそうやって自分を磨《みが》くために働く。私はこの考えが大好きです。誰かのためでも、お金のためでもなく、ましてややらされるからでもなく、あくまで自分のために働くのです。

この考え方がいいのは、自分のためになってなければ、やらなくていいという点です。自分が体を壊すだけならやめた方がいいでしょう。長時間残業や休日出勤がだめなのはそうした理由からです。何も身に付かないときも同じです。でも、何も身に付かないような仕事はめったにありません。どんな単純作業でも、経験になりますから。そう考えると、ほとんどの仕事は自分磨きになります。気持ち次第で。

おそらくそう思って大人が働いていれば、キラキラして見えることでしょう。そしてその姿を見て育つ子どもたちは、自分も働きたいと思うようになるのではないでしょうか。きっとキラキラした夢を語り出すはずです。かつてこの国ではみんながそう思って一生懸命《いっしょうけんめい》働いてきたように。ちょっと働きすぎた部分は反省しないといけないですが。でも、少なくとも希望はありました。

希望を失ったこの国の疲《つか》れ果てた大人たちが、子どもたちの希望まで奪《うば》ってしまうようなことがあってはいけません。だからといって無理に思い込《こ》むのは間違《まちが》っています。どうすれば今自分がやっている仕事が自分磨きにつながるか、よく考えてみるのです。そうすれば、自然に変わってくるでしょう。子どもたちにも、将来の夢を自分磨きとしてとらえてもらいたいですね。

人のため

2

社会の疑問

どうして人のために何かをしないといけないの？

人の役に立つ人間になりなさいといわれます。あるいは社会の役に立つ人になりなさいともいわれます。つまり、誰かのために何かをするということが大事だと思われているのです。でも、どうして人のために何かをしなければならないのでしょう？　自分のためならわかります。自分が生きていくために、快適に毎日を過ごすために、自分のことをきちんとやる。これは理屈《りくつ》も通っているのです。勉強をするのも自分の将来《しょうらい》のためです。

じゃあ、自分以外の家族や友達のためならどうか？　たとえば、家族や友達のために勉強するということはありえるでしょうか？　家族が喜ぶから勉強をするというのはあるかもしれません。友達の場合は、その友達に教えてあげるために自分が勉強するということがあるかもしれません。

でも、家族や友達ならまだ自分と関係が深いので、自分と同じように考えることも可能です。自分ではないけれども、自分に近い人なので、その人たちのために色んなことをやるというのは、なんとなくわかります。喜んでくれる姿《すがた》も想像できるし、その後関係もより緊密《きんみつ》になるでしょう。

私たちの活動は社会に影響を及ぼす

ところが、まったく知らない人の場合、いったいなぜ役に立ってあげないといけないのか？　さっきの勉強の例でいくと、見知らぬ人のために勉強するということになります。そんなことってあるでしょうか。ちょっと思い浮《う》かびませんよね。

ただ、自分が勉強をすることで、自分が世の中に何かをもたらしたら、それによって助かる人は出てくるでしょう。そうすると、結果的には自分は見知らぬ人のために勉強したことになると思います。おそらくこういうことなのではないでしょうか。

一見自分だけのためにやっていることのように思える勉強でさえそうですから、もっとほかの活動、たとえばボランティア活動などはそのまま社会に影響《えいきょう》を及《およ》ぼします。ですから、自分では意識していなくても私たちの活動は社会に影響を与えることになるのです。

これは社会を構成しているのが、私たち一人ひとりであるという事実に関係しています。私たちがやっていることは、すべてこの社会の中で起こっていることであり、それゆえに社会に影響を及ぼします。

そうすると、これは悪いことにも当てはまります。自分が悪いことをすれば、社会に悪い影響を及ぼすのです。自分一人くらいたいして影響はないと思うかもしれません。でも、みんながそう思っていると、社会全体への影響は大きくなるのです。だから一人ひとりが気を付けなければなりません。

人のために何かをしなければならないのは、こうした理由からなのです。私たちは相互に影響を与えあっているのです。もっというと、お互いに支え合って生きているのです。社会全体で支え合っているなんて感覚はないかもしれませんが、さっきみたように、結果的に影響を及ぼすのですから、そういっても間違いではないでしょう。

コミュニタリアニズム

こういう考え方をコミュニタリアニズムといいます。日本語で書くと共同体主義《きょうどうたいしゅぎ》です。つまり、共同体の存在を大事にして、共同体全体としていい社会をつくっていこうとする主張です。

こうした考えが好きでない人がいるのもたしかです。共同体より個人が大事じゃないかとか、共同体全体が目指す共通のものなんてないというふうに。個人はもちろん大事ですが、個人だけでは何もできません。これはどっちが上という話ではなくて、あくまで個人が共同体に多くのものを負《お》っている事実を意識しましょうということです。

共同体全体が目指す共通のものがないかどうかについては、どのレベルでとらえるかです。日本社会全体で考えると、日本国憲法《けんぽう》に書いてあるように、人権《じんけん》を尊重《そんちょう》したり、平和を守ったりするのは、共同体全体の目指すものといっていいのではないでしょうか。

みなさんの学校だってそうだと思います。学校の中で掲《かか》げている目標がありますよね。みんな仲良くするとか、自分を磨《みが》くとか、挨拶《あいさつ》をしっかりするとか。そういうことでいいのです。そういうみんなが共通に持っている目標に貢献《こうけん》できる人になる必要があるわけです。

何もしないことは邪魔をすること

そうでないと、その自分の属する共同体に迷惑《めいわく》をかけてしまうからです。別に貢献までしなくても、積極的に害を与《あた》えなければいいじゃないかという人もいるかもしれません。でも、それはフリーライダーといって、結局は害を与えることになるのです。ただ乗りのことです。みんなに任せておいて、おいしい思いだけする人がいますよね。こういうケースだと、何もしないということが、邪魔《じゃま》をするということに等しいのです。だって、その人の分は他の人が頑張《がんば》って貢献しているのですから。

このように、共同体に属している以上は、その共同体から何らかの恩恵《おんけい》を被《こうむ》っているはずなので、人の役に立たないとずるいということになるのです。

社会にただ乗りするずるい人にならないように気をつけましょうね。

3

社会の疑問

どうして犯罪を犯してはいけないの？

この問いにびっくりされた方もいることでしょう。なぜなら、犯罪を犯してはいけないのは当たり前のことだからです。まさかいいと思っている人はいないと思います。でも、中にはふとした瞬間《しゅんかん》に、ところでどうしてダメなんだろうと考えてみたことがある人はいるのではないでしょうか。もしなかったとしたら、ぜひこの機会に考えてみてください。

犯罪とは何か

そもそも犯罪とは何でしょうか？　一言でいうと、法律《ほうりつ》に反することです。では、法律に反することとはどういうことか？　それは私たちがみんなで決めたルールに反することです。どうしてみんなで決めたルールは守らないといけないのか？　ここまでくると簡単《かんたん》には答えられませんよね。

みんなで決めたということは、みんなが守ると約束したことを意味します。そのみんなの中に自分も入っていれば、当然約束した張本人が約束を守るのは当然だと思います。たしかに、法律の場合、別に自分が直接決めたものとまではいえません。直接的には政治家が決めるのです。ただ、その政治家は私たちが選んでいるのですから、自分たちで決めたといえるわけです。これを間接民主主義といいます。

国のルール

それでも自分が生まれる前の法律だと、間接的にさえ決めたとはいえないようにも思えます。この場合、その当時国を治めていた人たち、つまり主権者《しゅけんしゃ》である国民が、自分の国にはこういうルールを作ろうと決めただけです。しかしそうすると、その国に生まれてその国の国民になった人は、そのルールに納得《なっとく》しているものとみなされるのです。嫌《いや》なら出ていくことは可能です。

実際、そういう人もいます。

したがって、その国に属する以上は、その国のルール、つまり法律《ほうりつ》に従《したが》わないといけないのです。これは外国にいったときも同じです。その国にいたいなら、その国のルールに従わないといけない。「郷《ごう》に入《い》らば郷《ごう》に従《したが》え」という格言がありますが、まさにその通りなのです。

みなさんだって、映画館《えいがかん》に行けば、映画館のルールを守らないといけませんよね。うるさくしたり、映画をビデオで撮《と》ってはいけません。それが守れないなら、注意されますし、追い出されても仕方ないのです。どの国にも法律《ほうりつ》というルールがあります。そのルールを守らないと、それは犯罪とみなされて、罰《ばっ》されても仕方ないのです。

自分の中のルール

これが国に属している以上、犯罪を犯してはいけない理由です。しかしそうだとすると、もし国というものがなかったらどうなるのか？　その場合は犯罪を犯してもいいのかどうか？　理屈《りくつ》の上からは、それをいけないとする絶対的な理由はなくなってしまいます。もちろん、人間である以上、他者の存在《そんざい》を尊重《そんちょう》しなければなりません。ですから、相手の意志に反して物を盗《ぬす》んだり、身体を傷《きず》つけたりしてはいけません。

でも、それは犯罪にはならないのです。相手が嫌《いや》がる行為《こうい》というだけのことです。それをやってはいけないかどうかは別にして、少なくとも犯罪という行為ではなくなります。だから国家がないと、たとえば戦争などのせいで政府の機能が麻痺《まひ》しているようなところでは、犯罪のような行為が横行《おうこう》してしまうのです。

災害が起こったときなどにも、一時的に無法状態になることがあります。そしてお店が襲われたりするのです。ここで着目したいのは、日本ではそういったことがほとんどない点です。これは日本には法律以外の規範《きはん》、いわば心のルールがしっかりと根付いているからだといわれます。道徳とか良心、あるいは倫理《りんり》というものです。

これらは法律とは違って、自分の中のルールのようなものです。ですから、別に政府が強制しなくても、あるいは罰《ばつ》を設けなくても、みな自分で判断して正しい行動をとるのです。法律《ほうりつ》がないのに何が正しいといえるのかは難《むずか》しいですが、人として行うべきことを正しさととらえているのでしょう。

人間ではなくなる

ドイツの哲学者カントは、無条件に正しい行いをしなさいといいました。罰されるからやるとか、お金をもらえるからやるというのではなく、どんなときもです。なぜ人間にそんな義務があるのかというと、それはそうしないと人間ではなくなるからだといいます。他の動物と比較《ひかく》してみればわかると思います。

動物はお腹《なか》が減《へ》ったら盗《ぬす》みます。人のものでもパクっと食べてしまうのです。そして人間に叩《たた》かれます。口でいってもわからないし、理屈《りくつ》が理解できないのだから仕方ありません。そうすると、叩かれるのが嫌《いや》で次はやらないかもしれません。でも、人間は叩かれなくても、自分で我慢《がまん》することができる生き物なのです。自分で自分を律《りっ》することができるという言い方をしてもいいでしょう。これが人間と動物の違いです。

したがって、人間のままでいたければ、たとえ国がなくても、法律がなくても、犯罪になるような行為《こうい》をしてはいけないのです。これが究極の答えになるのではないでしょうか。

4

社会の疑問

どうして戦争をするの？

人間は戦争を繰り返してきた

歴史を学ぶと、人間がいかに戦争を繰《く》り返《かえ》してきたかがわかります。そしてついには20世紀、二度も世界中が戦争に巻き込まれてしまったのです。その反省から国連が出来ました。日本は第二次世界大戦の加害国であり、かつ原爆《げんばく》の最初の被害国《ひがいこく》となりました。だから憲法《けんぽう》で二度と戦争をしないことを誓ったのです。

ところが、21世紀の今も世界ではいくつもの戦争が起きています。日本も戦争とまったく関係がないとはいいきれません。アメリカと軍事同盟《どうめい》を結んでいますし、自衛隊が紛争地域《ふんそうちいき》に出かけていくこともあります。またいつ戦争に巻《ま》き込《こ》まれてもおかしくない状態なのです。

戦争はやむにやまれず行われる

なぜ人間は戦争をやめられないのでしょうか？　もちろん理由なく戦争をする人はいないでしょう。戦争をする人というか、国ですね。個人で戦争をするわけではありませんから。そうすると、国家が戦争をすることを決めていることになりますが、そんなに多くの国民が戦争に賛成《さんせい》しているのでしょうか？

残念ながら、答えはイエスです。戦争になっているということは、その国の人たちは戦争をすることに賛成しているのです。正確にいうと、やむを得ないと思っているのでしょう。おそらくそれは、そうしないと生き延《の》びることができないからだと思います。戦争というのは、やむにやまれず行われるものです。

最初は話し合いをします。戦争になったら被害《ひがい》も出ますから、できるだけ避《さ》けたいのはやまやまでしょう。でも、話し合いが決裂《けつれつ》したら、国や国民を守るために、指導者たちは戦争することを決めるのです。それを国民が支持します。

戦争ですべて解決することはない

でも、戦争ですべてが解決するとは思えません。双方《そうほう》に被害《ひがい》が出るだけではなく、何よりしこりが残ってしまいます。戦争をした国同士の国民は、いつまでも恨《うら》み合うことになるのです。日本もいまだにアジア諸国《しょこく》から恨まれています。そうした問題が領土問題や従軍慰安婦《じゅうぐんいあんふ》の問題につながっているわけです。

ですから、戦争ですべてきれいに解決できるなどと思ってはいけないのです。にもかかわらず、やってしまう。人間はそれほど愚《おろ》かなのでしょうか？これも残念ながらイエスというしかありません。人間には闘争本能《とうそうほんのう》があります。戦う本能です。国家のことだとピンとこないかもしれませんが、たとえば、家族を傷《きず》つけられたとしましょう。みなさんだって、相手に復讐《ふくしゅう》したくなるのではないでしょうか？

戦争も同じなのです。相手の国に誰かが傷つけられた。それがきっかけで怒《いか》りや憎《にく》しみ広がっていくのです。これを止《と》めるのは理性の力によるしかありません。理屈《りくつ》で考えて、怒りや憎しみを抑《おさ》えるのです。

口でいうのは簡単ですが、先ほどの家族の例を考えればわかるように、そう簡単にできるものではありません。だからやられても抵抗《ていこう》しない人は尊敬《そんけい》されます。インドの平和活動家ガンジーのように。

ガンジーには見えていたのだと思います。抵抗すれば、また弾圧《だんあつ》がひどくなり、収拾《しゅうしゅう》がつかなくなることが。だからといって、攻撃《こうげき》してくる国家に対し、やられるがままになっていればいいというのではありません。逃《に》げることができれば、私はその選択《せんたく》をするのが一番だと思います。そしてそれより前に、そもそもそんな状態にならないような世界をつくる努力が必要でしょう。

先を見通す力を育む

歴史を見ればわかるように、どの戦争も最初のきっかけは小さなものなのです。それがだんだん雪だるまのように大きくなり、国家同士の戦争につながります。ですから、最初の段階で先を見通さなければなりません。ここでこういう態度をとると、あとでどうなるだろうかと。最初の段階なら、抵抗《ていこう》しないこと、やり返さないこと、赦《ゆる》すことは、比較的簡単にできるはずです。

したがって、そのように先を見通す力、罪を赦す気持ちを日ごろから身に付けておかなければならないのです。これは政治家に限らず誰もがです。なぜなら、今の時代は特に、誰もが外交官のようなもので、世界中の人たちと交流する機会を持っています。だからこそなおさら気を付けなければならないのです。自分が戦争のきっかけをつくってしまうことだってあり得るのですから。

哲学をすればいい

では、先を見通す力、罪を赦す気持ちはどうやって育《はぐく》めばいいか？　先ほど闘争本能《とうそうほんのう》を抑《おさ》えるのは理性しかないと書きました。そう、理性とは哲学のいいかえだといってもいいでしょう。つまり、しっかりと哲学を身に付けて、理性を働かせることができるようになっておけばいいのです。

その証拠《しょうこ》に、哲学者に気性の激《はげ》しい人はあまりいません。そんなことでは物事をじっくりと徹底的《てっていてき》に考えることはできないからです。もともとそういう温厚な性格の人が哲学に向いているというのもあるでしょうが、決してそうとも限りません。何を隠そう、この私自身が哲学をやり始めて温厚になったからです。戦争をなくすには、全世界の人が哲学をすればいいのかもしれませんね。

5

社会の疑問

神さまはいるの？

神さまは最後の拠り所

神さまを信じているかどうかは別として、私たちはよく神という言葉を使います。「神さまお願いします！」とか「神に誓《ちか》って」とか「神ってる」とか。だからなんとなく神さまがすごい存在であるということだけは共通に認識しているのではないでしょうか？

人間の力は限られています。不完全な存在です。ですから、困《こま》ることがたくさんあります。そんなとき、神さまに頼《たよ》りたくなるのです。でも、この場合の神さまは、何教の神さまでもなく、きっと最後の拠《よ》り所といった感じなのだと思います。

では、なぜそんな存在《そんざい》を信じるのか？　それは信じたいからではないでしょうか。もし最後の拠り所がないとなると、絶望するより仕方ありません。たとえば、みなさんが重い病気にかかったとします。今の医学ではどうしようもないといわれたら、絶望するしかないですよね。でも、もし奇跡《きせき》を起こせるようなすごい力があって、その力に頼れるとしたらどうでしょう？　やはり頼りたくなるのではないでしょうか。それが神さまなのです。

神さまを信じることと宗教を信じることは違う

これは宗教《しゅうきょう》を信じるというのとは違《ちが》うと思います。宗教というのは、ある特定の神さまの教えですから、その教えすべてを信じる必要があります。しかもそれは人間がつくったものですから、たまにおかしなことも含まれています。人間は神さまと違って不完全ですから、おかしなことを考えてしまうのです。間違いも含めて。これは世界的な宗教でも同じです。

そういう人間のつくった教えとしての宗教を信じるのは、抵抗《ていこう》があるかもしれません。特に日本は、特定の宗教を信じる人が少ないので有名です。ところが、そんな日本でも神道《しんとう》や仏教《ぶっきょう》は生活に根付いています。なんとなく神さまや仏《ほとけ》さまがいて、私たちを守ってくれている気がするのです。それをお天道《てんとう》さまと呼ぶ人もいます。

だからいいことをすれば褒《ほ》めてもらえるし、悪いことをすれば罰《ばつ》を与えられるという感覚があるのです。特定の宗教《しゅうきょう》を信じていないにもかかわらず日本人が道徳的なのは、こうした背景があるからだという人もいます。

ですから、神さまがいるかどうかと問われたら、いると答えることになるでしょう。ただしそれは、一人ひとりの心の中にいるということです。どこかに物理的に存在《そんざい》しているわけではありません。仮にどこかに存在するにしても、証明するのは難《むずか》しいでしょう。この人が神さまだと誰《だれ》が証明できるのでしょうか。多分、そういわれた本人も証明しようがないと思います。

神は人智を超えた存在

なぜか？　それは神が人智《じんち》を超《こ》えた存在だからです。万能《ばんのう》で、無限の存在です。そこらへんのイリュージョンとは異《こと》なります。本当になんでもできるのです。これはいくらすごいことを見せられたとしても、それだけで証明したことにはなりません。人智を超えている、つまり人間の理解できるものを超越《ちょうえつ》しているわけですから、理屈《りくつ》上人間には理解できないのです。証明できないといったのはそういう意味です。

怪しい新興宗教は人の弱みに付けこむ

突然みなさんの目の前に「私は神です」という人が現われて、何かすごいことをしたからといって、即《そく》信じますか？　普通は疑《うたが》うでしょう。何かトリックがあるに違《ちが》いないと。でも、ものすごく心身が疲れていたら信じてしまうかもしれませんね。

実際これは怪《あや》しい新興《しんこう》宗教、いわゆるカルト集団がよくやることです。騙《だま》そうと思って、疲《つか》れて思考力の鈍《にぶ》った状態にある人に対し、そんな奇跡体験《きせきたいけん》をさせるのです。眠らせなかったり、薬を使ったりして、強制的に思考力を鈍《にぶ》らせることさえします。怖《こわ》いですね。みなさんも気を付けてください。

どうしてそんなことをするかというと、誰《だれ》もが神さまを求めているのを知っているからです。先ほども書きましたが、人間は不完全な存在です。だから物事が思ったようにいかず、常に大いなる力に頼りたくなるのです。しかもそこまで思うからには、深刻《しんこく》な問題であることが多いでしょう。人生を左右するような大きな問題とか、深刻な病気とか。

したがって、どんな代償《だいしょう》を払《はら》ってでも、なんとかしたいと思うはずです。そこに付け入るのが怪しい新興宗教《しんこうしゅうきょう》なのです。私は人々の心を落ち着ける宗教は素晴らしい存在だと思っています。伝統があるとか新しいとかは問題ではありません。怪しい新興宗教はそれとはまったく異なり、宗教の名を語る詐欺《さぎ》集団です。神さまを利用するそういう悪い人たちに騙《だま》されないようにしなければなりません。

哲学も宗教も必要

そのためにも、哲学は役に立つはずです。何度も強調しているように、哲学は疑《うたが》う学問です。これに対して宗教は信じるものです。その点で、哲学を身に付けておけば、まず疑うことができます。そのうえで、それでも信じるに値するものなら、信じればいいのです。疑うことも信じることも、共に人間が生きるうえで不可欠の要素です。だから哲学も宗教も必要なのだと思います。

第5章

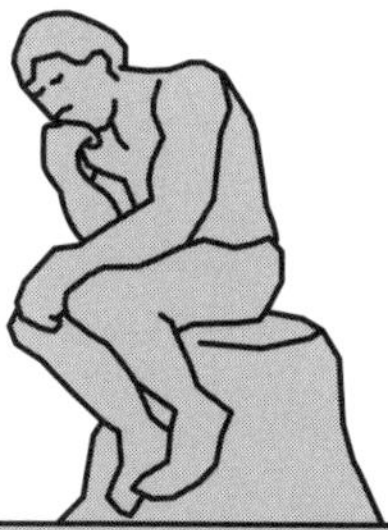

人生の疑問

1

人生の疑問

悩むことはいけないことなの？

悩みのない人はいない

みなさんは今悩《なや》みがありますか？　悩みがないという人はいないと思います。もちろん悩みがない時期はあるかもしれませんが、生まれてから死ぬまで、一生悩みを持つことなく生きていくなどということは不可能でしょう。

ただ、悩みを悩みとしてとらえていない人はいます。そういう人は悩みは悪いことだと考えているので、悩みと呼びたくないのです。たとえば、勉強やスポーツで思うように結果が出ないとします。普通はそれを悩みと呼んでいいでしょう。あんなにやってるのになぜ、と。でも、中にはそれを悩みではなくて、課題だといったりする人がいます。ポジティブに考えたいのでしょうね。

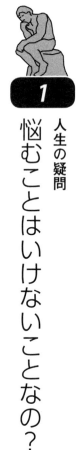

そのこと自体はとてもいいことだと思います。人間はポジティブになったほうが、幸せに過ごせますから。フランスの哲学者アランはまさにそういっています。彼の『幸福論《こうふくろん》』には、気持ちの持ち方を変えて幸せになるためのヒントがたくさん詰《つ》まっていますから。

悩みは思考のスイッチ

それでは「悩み」なんて言葉はないほうがいいのでしょうか？　そもそも悩みって何なのでしょうか？　私もすでに半世紀ほど生きてきましたから、たくさん悩むことがありました。今も毎日悩み続けていますが。その私の経験からしても、悩むという言葉はあったほうがいいと思っています。

なぜなら、悩みは考えるきっかけになるからです。悩むというのは、物事が思い通りにいかないときに、頭の中でどうしていいのかわからなくなる状態ですよね。物事が思い通りにいくということは、文字通り「思い通り」なわけですから、思いに反することは何もない。つまり、どうしていいかわからないなんてことはあり得ないのです。

ところが、思い通りにいかないと途端《とたん》に困《こま》ってしまう。これが悩《なや》むという状態です。みなさんも新しいクラスになったときは、みんなとうまくやっていこうと思いますよね。そんな雰囲気のいいクラスを思い描《えが》くはずです。それがなかなか思い通りにいかなくなるのが現実です。そこで悩んでしまう。

こんな経験、あるんじゃないでしょうか？　そのとき、みなさんは何をしましたか？　あるいはもしこういう状況になったら、何をしますか？　何か働きかける？　それともあきらめる？　いずれにしても、その前に考えるんじゃないでしょうか。まず考えて、その結果、なんらかの行動に出る。これが人間の生き方です。

人間は考える葦

実は、この「考える」という行為《こうい》こそが大事で、悩みというのはそのきっかけをもたらしてくれるものなのです。フランスの哲学者パスカルは、『パンセ』の中でこんなことをいっています。人間がみじめな思いをするのは偉大《いだい》だからだと。わかりやすくいうと、人間が悩むのは偉大な証拠《しょうこ》だということです。植物は悩まないだろうというのです。

パスカルは、人間は考える葦《あし》だといったことでも有名なのですが、人間は葦という植物と同じように弱い存在だけど、考えるという点でとても強いのです。だから人間が物事を考えることをやめてしまうと、ただの弱っちい植物と同じになってしまいます。

それを防いでくれるのが悩みだというわけです。人は悩まないと考えません。みなさんもいつ自分が物事を考えるか思い起こしてみてください。学校の宿題をやるとき、しかられたとき、問題が起こったとき……。ほら、どうですか？　いずれも何か考えないといけない状況が生じたときですよね。

悩むことで善く生きられる

自分からわざわざ物事を考えようという人はあまりいないのです。なぜならそれはしんどいことだからです。しんどいことをしようという人はいません。だから私たちは、何も悩《なや》みがなかったらついリラックスしてしまうのです。悪くいうとボケーっとしてしまうのです。

もし一生そんな状態が続いたら、頭が働かなくなるのではないでしょうか。別に考えなくてもいいじゃないかという人もいますが、それだと考える力が落ちてしまうのです。人間は物事を忘れる生き物ですよね。だから常に覚えようとしていないといけない。計算もそうです。計算機ばかり使っていると、計算ができなくなる。脳みそも筋肉と一緒《いっしょ》で、使わないと機能が落ちるのです。

ですから、日ごろから頭を使っておかないと、いざというときに働きませんし、逆にいつも悩みに立ち向かって考えていれば、同じような悩みが生じても簡単に解決できるようになります。そうすると善《よ》く生きることができるのです。

悩むことは素晴らしいこと

悩むことで善く生きられるなんて嘘《うそ》みたいですが、本当の話です。ただし悩みが考えることのきっかけになりさえすれば。悩むだけで終わってしまうと、たしかに苦しいだけです。同じことが頭の中をぐるぐる回って、もう嫌《いや》になってしまうでしょう。それは避《さ》けなければなりません。

そのためには、悩むことが考えることのきっかけになっている事実を意識することだと思います。悩んだらすぐに、「よし考えよう！」と頭を切り替《か》えるクセをつけてください。たったそれだけのことで、悩みは思考に転換《てんかん》します。悩みは思考のスイッチです。

もうこれで、「悩むことはいけないことなの？」という問いに対する答えは出たのではないでしょうか。悩むことは素晴らしいことだというのが私の答えです。みなさんはどう思われますか？　まだわからない？　いいですねぇ。ぜひ悩んでもらいたいと思います。

2

人生の疑問

お金持ちのほうが幸せなの？

みなさんはお金が欲《ほ》しいですか？　おそらく多くの人が欲しいと答えるでしょう。それでは、どれだけ欲しいですか？　これは人によって答えが変わってくると思います。大きく分けると二種類でしょう。たくさん欲しい人と、少しでいい人と。少しでいいというのは、最低限の生活をするのに困《こま》らない程度ということです。

お金とは何か

そもそもお金とは何なんでしょうか？　仕組みの話をすると、お金とは国家が価値を保障《ほしょう》する引換券《ひきかえけん》のようなものです。その引換券があれば、物と交換《こうかん》することができます。ですから、お金そのものに価値があるのではなくて、国家が保障していることに価値があるのです。その証拠《しょうこ》に、国家に信頼《しんらい》がなくなれば、お金はただの紙屑《かみくず》になってしまいます。歴史上もそういうことがありました。安定した国家の通貨が人気なのも同じ理由です。

したがって、たくさんお金を持っているということは、それだけ色んなものと交換できるということになるのです。そこでいえるのは、物がいらなければ、お金もいらないということです。最低限の生活で満足できる人は、たくさんお金があっても仕方ありません。物自体がいらないのですから。質素な生活、シンプルな生活でいいのです。

これに対して、物が欲しい人はお金がいります。そしてお金がないと満足できません。そう考えると、お金持ちのほうが幸せなのかどうかは、生きていくうえでどれだけの物がいるかにかかってきます。

ただ、物がたくさんいる人でも、それを誰かがくれるとか、自分でつくり出せるという場合には、必ずしもお金はいりません。たとえば、友達がたくさんいて、なんでも友達がくれたり、やってくれたりするとしたらどうでしょう？　それはそれで幸せですよね。

お金で買えないもの

それにお金で買えないものもあります。愛や友情など、人の心はお金で買うことはできないでしょう。もちろん、そういうサービスがあれば別です。1日1万円払う代わりに友達になってくれるサービスがあるとしたら、それさえお金で買えるということになります。でも、これは本当の友情ではないですよね。だからやっぱり人の心はお金では買えません。

そうすると、いくらお金があっても、人の心に飢《う》えている人は、幸せになれないということになります。現にそういう人はたくさんいます。時間や健康もそうでしょう。ある程度はお金でなんとかなりますが、過去の時間は買えませんし、いくらお金を費やしても治らない病気はまだまだあります。命はお金では買えません。

いくらお金持ちになっても、愛する人を失ってしまっては幸せとはいえないでしょう。ですから、お金は幸せになるための一つの要素にすぎないのです。愛が一番大事で、愛がないと幸せになれない人がいるとします。多くの人はそうだと思うのですが。その人にとってお金は特別なものではありません。

知る喜びはお金では買えない

お金は国家の信頼《しんらい》がないと紙屑と同じだといいましたが、お金で買えないものを求める限り、やはりそのへんの紙と同じになるのです。逆にとらえると、お金なんかなくても、いくらでも幸せになれるということです。お金で買えないものを求めて生きればいいのです。私もそうしています。というか、勉強をしているうちに自然にそうなりました。知る喜びです。知る喜びは決してお金では買えません。本を読んだり、考えたりして、自分が知るという行為《こうい》をしないといけないからです。

幸い世の中には図書館もあるし、インターネットもあるので、知る喜びを得るのにお金はかかりません。物ではなくて、知る喜びを求め始めてから、私は幸せになりました。幸せになるのは簡単《かんたん》なのです。それは自分次第でいくらでも手に入るものを求めることです。

不満足なソクラテス

お金を求めると不幸になるとはいいませんが、大変なのはたしかです。私自身も昔はそうでしたから。お金は物欲《ぶつよく》とつながっているので、尽《つ》きることがないのです。その割《わり》には、図書館にある知と異《こと》なり、簡単にかついくらでも手に入るものではありません。努力が報《むく》われないこともあります。

お金を求めようとするとき、もう一つ嫌《いや》になるのは、生まれつきたくさんもっている人もいる点です。もしそうだとすると、生まれつき幸せな人と不幸な人が決まっていることになります。なんだか不公平ですよね。まるでお金持ちじゃない人のひがみみたいに聞こえるかもしれませんが、大丈夫です。世の中お金を持っていない人のほうが多いのですから。堂々とひがみましょう。そしてお金じゃないものに目を向けてみてはどうでしょうか。

かつてイギリスの思想家Ｊ・Ｓ・ミルはこういってのけました。「満足した豚であるより、不満足な人間であるほうがよく、満足した馬鹿であるより不満足なソクラテスであるほうがよい」と。知を求め続けるソクラテスもいいものですよ。

3

人生の疑問

病気や障がいがあると不幸なの？

健康第一といいます。たしかに、病気のときは何もやる気がしませんし、やっても力を出し切ることができません。でも、ずっと病気の人もいます。あるいは障《しょう》がいをもっている人もいます。それでは、病気や障がいがあると不幸なのかどうか？

私たちがこうした問いを発するとき、知らず知らずのうちに健康な状態や障がいがない状態を基準にしています。元気いっぱいで、身体のどこにも不自由がない状態。それと比較《ひかく》するから、病気だとつらいんじゃないだろうかとか、障がいがあると大変なんじゃないだろうかと思ってしまうのです。

でも、病気や障がいを抱《かか》えている人たちは、他者が思うほどつらかったり、大変なわけではないといいます。それは自分にとってはそれが普通の状態だからです。考えてみれば、私たちが元気だというとき、その元気度は人によって異《こと》なるはずです。私は元気なつもりですが、睡眠不足《すいみんぶそく》で肩《かた》こりで、太っていることもあって、おそらく元気といっても若い人のいうそれとは違《ちが》う状態なのでしょう。それでも風邪《かぜ》をひいたりしていなければ、一応元気だと感じます。

ユニバーサルデザインが当たり前

だから勝手に誰かを不幸だと決めてかかってはいけないのです。誰だって同情されるのは嫌《いや》なはずですから。憐《あわ》れまれるのはもっと嫌でしょう。私も嫌です。かといって、病気や障がいを抱えている人のことを何も気にしなくていいわけではありません。

病気や障がいを抱えている人がつらい思いをしたり、大変だったりするのは、その私たちの消極的な態度のせいだといっても過言《かごん》ではないからです。たとえば今でこそユニバーサルデザインが当たり前になり、公共施設《こうきょうしせつ》などはどんな状態にある人でも使えるよう配慮《はいりょ》しています。でも、一昔前《ひとむかしまえ》は違《ちが》いました。

それが何も気にしないということです。この世の中には色んな人がいます。元気で身体的にも不自由のない人ばかりではありません。いや、逆にそんな人のほうが少ないのではないでしょうか。高齢社会《こうれいしゃかい》ですから、お年寄りもたくさんいますよね。

そういう前提で世の中のことを考えないといけないのです。そうすれば、誰《だれ》もが普通に生活を送れるようになります。そして幸せになれるのです。病気だったり、障《しょう》がいを抱えているから不幸になるのではなくて、そういう人たちが普通の生活を送ることができない社会だから、不幸になってしまうのです。

心の病気も同じ

これは心の病気や障がいについても同じことがいえます。身体的な病気や障がいについては、かなり理解が広まってきましたが、心の病気や障がいについてはまだまだです。理解不足からケンカをしてしまったり、相手の心を傷つけてしまうこともあります。そうすると、心の病気や障がいを抱えている人は幸せになることができません。

心の問題ですから、身体と違って、ユニバーサルデザインで解決できるわけではないのです。いや、心をユニバーサルデザインできればそれでいいわけですが。大切なのは、私たち一人ひとりの理解です。最近、発達障害《はったつしょうがい》やコミュニケーション障害、いわゆるコミュ障などがよく話題に上がります。それだけそういう人が増えているというのと、また病気として確立されてきたというのが原因です。

そういう悩《なや》みを抱《かか》えた人たちの多くは、通常のクラスで通常の生活を送っています。みなさんと同じように。したがって、配慮しないといけないのは周囲の人たちなのです。それを「どうして自分が配慮しないといけないのか」などと負担《ふたん》に思うようでは、自分自身が社会でやっていけません。

ユニバーサルデザインで通路に手すりがあるからといって、これは自分には必要ないから邪魔《じゃま》だとは考えないでしょう。心の問題も同じなのです。心は見えにくいものです。だからつい私たちはみんな同じだと思い込《こ》みがちです。

まずは知ること

でも、心ほど人によって異なるものはありません。その中には、病気の心もあるし、障《しょう》がいを抱《かか》えている心もあるのです。そこを見ないといけません。それこそ心の目で。そのためには、まず知ることです。心の病気や障がいについて正しい知識を得る。それが第一歩でしょう。そのうえで、考える。自分はどう振《ふ》る舞《ま》えばいいのかと。

人間は弱い存在です。いつどこで自分もまた病気になったり、障がいを抱えたりするかわかりません。そのときはじめて人の気持ちがわかるようではいけないのです。それだと後悔《こうかい》しますから。ああ、もっと他者に配慮《はいりょ》しておけばよかったと。

幸い人間には、想像力があります。ですから、その想像力を最大限生かしてください。どうすれば誰《だれ》もが幸せに暮《く》らすことができるか。この世の中は想像力次第でいくらでも楽しいものになります。誰かを幸せにするのも不幸にしてしまうのも、みなさんの想像力にかかっているのです。

4

どうして人は死ななければならないの？

人生の疑問

人生最大の問題

どうして人は死ななければならないのか、これはもう人生の最大の問題だといってもいいでしょう。大人もこの問題に対する答えはもっていないのではないでしょうか。そもそも私たちはどうして生まれてきたのかさえ知らないのですから。中国の思想家孔子は、こんなふうにいっています。「未《いま》だ生《せい》を知らず、焉《いずく》んぞ死《し》を知《し》らん」。これは生のことも知らないのに、どうして死のことがわかるだろうかという意味です。たしかにその通りだと思います。

たまたまこの世に生を受けたのに、いずれ死ななければならない。それならどうして生まれてきたのか？　どうして生まれてきたのかという問いは、どうして死ななければならないのかという問いと密接につながっているのです。

私たちは自分の生を担当している

まずはそこから考えてみましょう。なぜ私たちは生まれてきたのか。それはたまたまかもしれませんが、でも生を受けたのは事実です。そしてこの生を担当《たんとう》しているのです。担当しているというのは、つまり自分しかコントロールできないこの人生をもっているわけです。

あなたの人生はあなたにしか決められませんよね。親に命令されても、法律《ほうりつ》があっても、最後は自分が決めることになります。少なくともあなたの心はあなたにしか支配されていないのです。これが私のいう、「この生を担当している」ということの意味です。

もちろん自分がその生を担当すると手を挙げたわけではありません。でも、世の中には、最初はどうであれ、引き受けるはめになってしまった以上、責任を負《お》わなければならないことがあるものです。たとえば、たまたま横に居合わせたとき、隣《となり》の人が倒《たお》れたら、見捨《みす》てるわけにはいかないでしょう。この生の担当《たんとう》も、たまたまかもしれませんが、気づいたときにはもうそうなっているのです。ですから、責任を負《お》うよりほかありません。でも、いったいどんな責任を負うのか？　それは一言でいうと、生き続けるということだと思います。

この生を担当することになったからには、できる限りそれを大事にして、生き続ける必要があるのです。途中《とちゅう》で投げ出してしまってはいけません。それは無責任な行為《こうい》になってしまうのです。自殺がいけないのもそうした理由からです。自分の命だからいいじゃないかという人がいます。だけど、命は自分が担当しているのであって、自分だけのものではないのです。

さて、ここで矛盾《むじゅん》が生じてきます。そんなに大事な命なのに、今度は強制的に奪《うば》われてしまいます。死です。せっかく生を受け、その生を担当することになったのに。やがて必ずその生を終えなければならない。今度はたまたまではなく、誰の身にも必ず訪《おとず》れます。生は偶然《ぐうぜん》なのに、死は必然《ひつぜん》。

死んだら無になるとしたら

そこにどんな意味があるのか？　死んでしまったらもう何もできないのに。何かできるのかもしれませんが、それは誰にもわかりません。だから無になる、消えてしまうという前提で考えてみましょう。

そうすると、死んでからのことについては何も意味がなく、死ぬ前についてしか意味がないことになります。つまり、死ぬことに意味があるとすれば、それは生きていることに対してのものなのです。

生きることにとって死が持つ意味？　それはせっかく生きているのに、いつか必ず終わりがあるということですよね。そうだとしたら、先ほどの生きている間の責任は、限られた時間しかまっとうできないということになります。そのことをはっきりと認識《にんしき》することが、死のもつ意味なのではないでしょうか。

生は有限であることを知るために、人は死ななければならない。これはまさにドイツの哲学者ハイデガーがいっていたことです。人間は死へと向かっていく。でも、だからこそ一生懸命《いっしょうけんめい》生きることができるのだと。

死んでしまうことはとても悲しいことです。誰だって死にたくないでしょう。でも、反対に永遠に死なないとしたらどうなるでしょうか？　今日やるべきことも明日やればいいと思うんじゃないでしょうか。いや、永遠に生きるのだから永遠に先延《さきの》ばしにしても何も問題ありません。そうやって何もしなくなる。

はたしてこれが生を担当《たんとう》するということの意味なのでしょうか？　生きるというのは、ただ生きるということではなくて、生を大事にすることだと思うのです。なんでもそうですが、自分が担当することになったら、いい加減に扱っていてはいけませんよね。先ほど生に対する責任とは生き続けることといいましたが、そこには当然生を大事にしてという条件がついているわけです。

生を大事にするため

だからこうもいえるかもしれません。死ななければならないのは、生を大事にするためだと。実際に、誰かの死に接したとき、私たちは命の大切さを顧《かえり》みるはずです。せっかく与《あた》えられた命を大事にしなければならないなと。

死は否定的なものです。それは間違《まちが》いありません。そのことについてはごまかすつもりはありません。でも、死が必然である以上、私たちはそれを前向きにとらえなければならないと思うのです。そうでないと、生きる意味が薄《うす》れてしまうからです。これが生を担当することになった、私たちの使命だと思います。この世には、生を担当することができなかった人もたくさんいるはずですから。

5

人生の疑問

どう生きればいいの？

この本ではたくさんの疑問《ぎもん》に答えると同時に、逆にたくさんの疑問を投げかけてきました。中には矛盾《むじゅん》する箇所《かしょ》もあるかもしれません。前のほうでは自分らしくといいながら、後のほうではみんなと合わせろといったり。どこが一番正しいのか？　一言でいうと、どこも正しいし、どこも正しくないかもしれないというのが私の答えです。

大切なことは自分で考えること

最後にお尋ねしたいのは、それじゃ結局どう生きればいいかという問いです。吉野源三郎さんの名著《めいちょ》『君たちはどう生きるか』が、今時代を超《こ》えて多くの人に読まれています。コペル君が叔父《おじ》さんのアドバイスを受けながら、成長していく物語です。

叔父さんはコペル君にこういいます。大切なことは自分で考えることだと。人からいわれたことは参考にはなりますが、本当の意味で自分のものにはならないのです。それを受けて、自分自身でよく考えてみることが必要なのです。

だから決まった生き方があるわけではありません。そのつど自分で判断しなければなりません。当然その判断が間違《まちが》っていることもあります。あるいは、いざとなると決めていた通りに行動できないこともあるでしょう。コペル君もそうでした。でも、人生はそれで終わるわけではありません。失敗するごとに、そのことが糧《かて》となって、次に正しい判断ができるのです。そして次こそは行動できるようになるのです。

人間はそんなふうにもたもたとしながら、カッコ悪く前に進んでいくよりほかない生き物なのです。サバンナのライオンやチーターなら、獲物《えもの》を見つけたら迷《まよ》うことなく突進《とっしん》していくでしょう。敵が来たら襲《おそ》いかかるでしょう。ところが、人間はそんなにカッコよく行動することはできません。なぜなら、考えてしまうからです。

考えることはたしかにいいことです。素晴らしいことです。にもかかわらず、その素晴らしい能力のせいで、人間はとてもカッコ悪い行動をとることがあるのです。みなさんもそんな経験はありませんか？　誰かのものを壊《こわ》してしまった。謝ろうと思っていたのにいい出せなかった。友達をかばえなかった。なぜ躊躇《ちゅうちょ》してしまったのでしょうか？　怖《こわ》かったから？　自分の損得《そんとく》を考えてしまった？　親の気持ちを考えた？

まあ、理由は様々でしょう。私もそんな経験がたくさんあります。今でも全部覚えているくらいです。ところが、ある日そういうのがたくさんたまって、もうそんな自分が嫌《いや》で嫌で仕方なくなって、まったく違《ちが》う態度をとれるようになりました。だからこそこんな偉《えら》そうなことが書けるのだと思います。

正解があるかないかもわからない

生きるというのは、とても複雑な方程式を解くようなものです。正解はあるのかもしれませんが、それは一見わからないようになっているのです。それでも問いを解かなければなりません。前に進んでいくために。

死にたくなるようなこともあるでしょう。これもまた私も経験があることです。しかも一度や二度ではありません。消えてしまいたくなったことも何度もあります。学校を休んだり、会社を休んだりした程度で、実際には消えてしまう勇気さえなかったのですが。

そんなときは、よく寝ることです。これは冗談《じょうだん》ではありません。散々《さんざん》寝たら、自然に時間が経ちます。すると少し落ち着きます。人間の記憶は自然に薄《うす》れるのです。疲《つか》れているとよくないことを考えますし、外に出るとこれまたよくないことをしてしまうかもしれません。自暴自棄《じぼうじき》になってケンカするとか。物を壊すとか。だから寝るのが一番なのです。

もう一ついいのは、目を覚ましたとき、ふとんの中で少し考えることです。やっぱり考えないと物事は解決しません。自分のペースで少しずつ考えればいいのです。やがて元気になったら、すくっと立ち上がる。ここからはもう寝ていてはいけません。一度立ち上がったら、そのまま着替《きが》えて外に出て、行動に出るのです。何をするか？　それはそのときの自分が一番よくわかっているはずです。心配いりません。

一生懸命に生きてもらいたい

みなさんは何かをするためにこの世に生まれてきたはずです。お父さんやお母さんのたくさんの愛情に包まれて。だからといって、別に歴史に名前が残るような偉大《いだい》なことをしなければならないというわけではありません。そんなことを本気で願っている親はいないと思います。そうではなくて、常に一生懸命《いっしょうけんめい》生きてもらいたいと思っているのではないでしょうか。私も親ですから、自分の子どもたちには今を大切に、一生懸命生きてもらいたいと願っています。

先ほど紹介《しょうかい》した『君たちはどう生きるか』という本のタイトルは、読者に向けて著者の吉野さんが最後に問いかけた一文です。私も最後にみなさんに問いかけたいと思います。「君たちは一生懸命生きていますか？」いつかどこかで会えるといいですね。そのときはぜひこの問いに答えてくださいね。

おわりに

もっと哲学をしよう！

さて、みなさん、哲学できましたか？　最初にも書いたように、この本は答えを覚えるようなものではなくて、子どもが抱《いだ》く疑問《ぎもん》を自分で考えてみるためのものでした。つまり、自分で哲学するための本です。

そのために私はいくつもの問いかけを入れておきました。人は問われると考えます。おそらくみなさんもそのつど考えていただいたことでしょう。最終的に私の考えも示しておきましたが、それはたまたま流れの中でそこに行き着いただけで、決して答えではありません。

答えはみなさん自身に出してもらいたいのです。いや、そんなことをあえていわなくても、本書を読んでくださった方は、自然に続きを自分で考え始めていることと思います。哲学にはそんな魅力《みりょく》があるのです。一度考えだすと、もう止まらない。

次から次へと問いが出てくると思います。それだときりがない？　その通りです。人間は死ぬまで考え続けるのと同じで、死ぬまで問い続けるのです。そしてその問いに答えようとあがき続けるのです。それが生きるということです。

幸い今の時代は哲学できる機会が増えています。子どもが哲学するための「子ども哲学カフェ」が開かれることもあります。学校で哲学をやる先生も増えてきています。大人の「哲学カフェ」に参加してみてもいいかもしれません。

いずれにしても、哲学とは知識を学ぶことではなく、自分で考えることです。その意味では、いつでもどこでも、誰とでもできます。親子で、あるいは友達とやってみるのもいいでしょう。ぜひもっともっと哲学をしてください。素敵な人生を送るために。

平成30年7月　梅雨の明けた日に　小川仁志

付録：親子で挑戦したい次の哲学書

この本を読んだ後、次に挑戦《ちょうせん》したい哲学の入門書と古典を紹介《しょうかい》しておきます。いずれもぜひ親子で挑戦してみてくださいね。

親子でチャレンジしたい哲学の入門書6

森岡正博・寺田にゃんこふ『まんが哲学入門』（講談社現代新書）

どうして時間は過ぎていくのか、「ある」とはどういうことか、「私」とは何なのか、どうして人は死ぬのか。この哲学の四大テーマを、これ以上はないというほどわかりやすく、かつ深く描《えが》いた漫画《まんが》哲学入門です。

河野哲也『じぶんで考え　じぶんで話せる』（河出書房新社）

子どもたちが哲学するための方法をずっと考え続けてきた著者による、とてもわかりやすい哲学指南本。タイトルの通り、どうすれば自分で考え、自分で話せるようになるかが、詳しく紹介されています。親子だけでなく、学校の先生にも参考になる本です。

クリストファー・フィリップス

『ソクラテス・カフェにようこそ』森丘道訳（光文社）

哲学カフェを主宰《しゅさい》する著者が、自らの体験を元に書いた最良の指南書《しなんしょ》です。私も「哲学カフェ」を始めるうえで参考にしました。哲学するとはどういうことかもよくわかります。また色んなクセのある登場人物が出てきて、物語としても楽しめます。

小川仁志『自由の国、平等の国』（ロゼッタストーン）

私が初めて書いた哲学小説です。互いにまったく行き来できない自由の国と平等の国。そのそれぞれの国の少女が国境で偶然出会ってしまいます。そして二人は入れ替わることに……。理想の社会について考えるのに最適の物語です。

吉野源三郎『君たちはどう生きるか』（マガジンハウス）

コペル君が叔父《おじ》さんとの対話を通じて大人へと成長していく物語。80年前の作品ながら、いじめや格差など現代に通じる問題を本質にさかのぼってわかりやすく論じた名著《めいちょ》です。漫画版《まんがばん》も含めベストセラーになっています。子どもが生き方を考えるきっかけになるでしょう。

岡本裕一朗『思考実験』（ちくま新書）

ありえない設定で物事の本質について考えさせる思考実験。著名《ちょめい》なものからオリジナルのものまで、たくさんのケースを紹介《しょうかい》している本です。これを読めば、頭を鍛《きた》えることができます。それに加えて、まるでSF小説を読んでいるような楽しさも味わえます。

親子でチャレンジしたい哲学の古典6

パスカル『パンセ』前田陽一・由木康訳（中公文庫）

パスカルは、エッセー風に哲学を表現したモラリストと呼ばれる思想家の代表的存在です。人間は「考える葦《あし》」だとする有名なフレーズが出てくるのもこの本。「思考」を意味するパンセというタイトルの通り、考える素材に溢《あふ》れています。

アラン『幸福論』神谷幹夫訳（岩波文庫）

アランは「プロポ」というコラムのようなものを新聞に連載《れんさい》していました。

その中から幸福をテーマにしたものばかりを集めたのがこの本。高校の先生をしていただけあって、とても読みやすく、また読むだけで元気になれる世界的ベストセラーです。

ラッセル『幸福論』安藤貞雄訳（岩波文庫）

幸福になるための方法を詳《くわ》しく記した哲学エッセー。自分の内側ではなく、外側に関心を持つように説いています。もともと数学を研究していただけに、ラッセルのエッセーはすごく論理的《ろんりてき》です。しかも彼一流のユーモアとウイットに富んでおり、最初から最後までとても楽しく読めます。

プラトン『ソクラテスの弁明』納富信留訳（光文社古典新訳文庫）

哲学の父ソクラテスの言葉や思想を知ることができる最良の古典。ソクラテスがどうやって哲学を始めたのか、また哲学とは何かがよくわかります。プラトンによる対話のシリーズであること、また新しく現代風の言葉に直した新訳なので、とても読みやすいと思います。

三木清『人生論ノート』（新潮文庫）

日本の哲学者三木清による人気の哲学エッセー。幸福や死、利己主義といった人生における身近なテーマについて、わかりやすく論じられています。哲学者らしい鋭《するど》い洞察《どうさつ》に貫《つらぬ》かれていますが、一つひとつが短いので、簡単《かんたん》に読み進めることができるでしょう。

マイケル・サンデル『これからの「正義」の話をしよう』鬼塚忍訳（早川書房）

私たちが社会で直面する哲学的問いを、正義の視点から考えるための本。ハーバード大学で学生たちから絶大な人気をほこる著者が、まるで講義《こうぎ》さながらの白熱した議論《ぎろん》を展開しています。政治哲学と呼ばれる分野の知識を学ぶこともできる入門書です。

著　者

小川　仁志（おがわ　ひとし）

1970年、京都府生まれ。哲学者・山口大学国際総合科学部准教授。京都大学法学部卒、名古屋市立大学大学院博士後期課程修了。博士（人間文化）。徳山工業高等専門学校准教授、米プリンストン大学客員研究員等を経て現職。大学で新しいグローバル教育を牽引する傍ら、「哲学カフェ」を主宰するなど、市民のための哲学を実践している。また、テレビをはじめ各種メディアにて哲学の普及にも努めている。Eテレ「世界の哲学者に人生相談」には指南役として出演。専門は公共哲学。著書も多く、海外での翻訳出版も含めると１００冊以上。

哲学で子どもの思考力が伸び、心が成長する

—親子で考える人生の疑問—

平成30年8月5日　初版第1刷発行

著　　者　小川 仁志

企画・編集　一般社団法人子どもの未来応援団

発　　行　株式会社ジアース教育新社

〒101-0054　東京都千代田区神田錦町1-23　宗保第2ビル5F

TEL 03-5282-7183　FAX 03-5282-7892

表紙・本文デザイン・DTP　土屋図形株式会社

印刷・製本　シナノ印刷株式会社

Printed in Japan

ISBN978-4-86371-475-5　C0037

定価は表紙に表示してあります。